Thirty Million Words

fù mǔ de yǔ yán
父 母 的 语 言

3000万词汇塑造更强大的学习型大脑

Building a Child's Brain

［美］
达娜·萨斯金德（Dana Suskind）
贝丝·萨斯金德（Beth Suskind）　　　　◎著
莱斯利·勒万特-萨斯金德（Leslie Lewinter-Suskind）

任　忆◎译

机械工业出版社
CHINA MACHINE PRESS

图书在版编目（CIP）数据

父母的语言：3000万词汇塑造更强大的学习型大脑/（美）达娜·萨斯金德（Dana Suskind），（美）贝丝·萨斯金德（Beth Suskind），（美）莱斯利·勒万特－萨斯金德（Leslie Lewinter-Suskind）著；任忆译 . —北京：机械工业出版社，2017.7（2025.10重印）

书名原文：Thirty Million Words: Building a Child's Brain

ISBN 978-7-111-57154-4

I. 父… II. ① 达… ② 贝… ③ 莱… ④ 任… III. 家庭教育 IV. G78

中国版本图书馆CIP数据核字（2017）第146506号

北京市版权局著作权合同登记　图字：01-2017-2547号。

Dana Suskind, Beth Suskind, Leslie Lewinter-Suskind. Thirty Million Words: Building a Child's Brain.

Copyright © 2015 by Dana Suskind and Beth Suskind.

Simplified Chinese Translation Copyright © 2017 by China Machine Press.

Simplified Chinese translation rights arranged with Dana Suskind and Beth Suskind through Brockman Inc. This edition is authorized for sale in the Chinese mainland (excluding Hong Kong SAR, Macao SAR and Taiwan).

No part of this book may be reproduced or transmitted in any form or by any means, electronic or mechanical, including photocopying, recording or any information storage and retrieval system, without permission, in writing, from the publisher.

All rights reserved.

本书中文简体字版由Dana Suskind and Beth Suskind通过Brockman Inc.授权机械工业出版社在中国大陆地区（不包括香港、澳门特别行政区及台湾地区）独家出版发行。未经出版者书面许可，不得以任何方式抄袭、复制或节录本书中的任何部分。

父母的语言：3000万词汇塑造更强大的学习型大脑

出版发行：机械工业出版社（北京市西城区百万庄大街22号　邮政编码：100037）

责任编辑：方　琳　陈　慧　　　责任校对：李秋荣

印　　刷：三河市国英印务有限公司　　版　　次：2025年10月第1版第42次印刷

开　　本：165mm×205mm　1/20　　印　　张：12$\frac{8}{10}$

书　　号：ISBN 978-7-111-57154-4　　定　　价：59.00元

客服电话：（010）88361066　68326294

版权所有 · 侵权必究
封底无防伪标均为盗版

Thirty Million Words
推荐序

2016 年我在看一篇儿童心理发展的文章时，无意中接触到"3000 万词汇倡议"，这个倡议是由美国芝加哥大学妇科及儿科教授达娜·萨斯金德博士发起的。

达娜·萨斯金德博士和她的团队发现，在孩子三岁前，父母对他们说的话直接影响其大脑发育。换句话说：父母的语言，直接塑造着孩子的大脑。

这个研究非常有意义，如果能够在全世界推广，也许能够直接改变很多孩子的命运。看完这个项目的详细介绍以后，我感觉如获至宝。

"三岁定八十"的真相是什么

国际上很多亲子研究都着眼于父母对子女性格、品德等外在表现的影响，很少涉及对子女大脑发育的影响。实际上，我们的祖先早就发现了这一点，中国有句老话说"三岁定八十"，似乎就在揭示这个现象。虽然这句话并不被所有人接受，接受的人也有各自的解读，但看完了萨斯金德博士的研究后，我才真正明白"三岁定八十"的真相是什么。

人类的大脑是唯一在出生后还具有可塑性的器官，尤其是在三岁前。三岁前，大脑会发育到成熟期的80%左右，这三年里，使大脑建立神经连接的条件是什么呢？是语言，具体来说，是父母的语言。

一个正在迅速发育的大脑，会通过听觉和视觉接收到大量的信息。如果把大脑比喻成一台机器，父母的言行就是在为孩子创造超级机器的过程。

婴儿们生下来什么都不懂，什么都不会说，然而这只是表象，他们的大脑正在迅速发育。一直要到孩子较大甚至入学之后，父母才会发现，有些孩子似乎特别聪明，反应敏捷；有些孩子即使很努力，成绩也无法提升；有些孩子对艺术敏感，有些孩子对音乐敏感，等等。

遗憾的是，当父母足以发现这些特点之时，孩子的大脑已经基本定型了。不同的大脑或者利于学习理工科，或者利于学习艺术专业，或者什么也不擅长。然而这台大脑机器，恰恰是父母以每一句话为材料，亲自搭建的。

为什么"输在起跑线"上

"3000万词汇倡议"还发现了一个秘密，即低收入家庭的孩子为什么"输在起跑线"上。调查显示，低收入家庭的孩子在三岁前听到的单词数量远远少于高收入家庭的孩子。

调查数据显示：

靠救济金生活的家庭，孩子每小时听到的单词数是 616 个

工薪阶层家庭，孩子每小时听到的单词数是 1251 个

高收入的家庭，孩子每小时听到的单词是 2153 个

低收入家庭的小孩不仅听到的单词数量少，而且会接收到很多消极的单词和粗鄙的俚语。在出生的头几年，高收入家庭的孩子听到的包含积极、正面意义的单词数比低收入家庭的孩子多 56 万个。

"赢在起跑线"上的孩子，并不是他们家境富有，或者报了多少课外班，而是他们一出生，就能够在语言丰富、积极正面的环境中熏陶。

美国很多研究儿童发展的心理学家已经指出，社会所谓的学前教育期，在时间上实际已经晚了。真正的教育，从孩子刚出生的第一天就开始了，学校并不是教育的起点。从某种程度上来说，孩子在学校的表现，是父母对孩子早期教育的一种检验。

研究还发现，孩子的数学能力、空间推理能力、毅力、自律性、道德感、同理心都和孩子早期听到的词汇有关系。

所以，当孩子正式进入学校以后，他们的学习能力便会体现出显著差异。有些孩子并非不努力，但是他们成绩就是不好，理解知识就是比别的孩子慢，等等。

"3T" 原则法

这本书最重要的价值是告诉父母应该怎样和孩子对话，才能最大化地激发其大脑潜能即"3T"原则法：

共情关注（Tune in）：共情关注你的孩子在做什么

充分沟通（Talk more）：与孩子讨论时使用大量的描述性词语

轮流谈话（Take turns）：和孩子轮流参与谈话

这本书会指导父母如何在和孩子的对话中，"塑造"孩子的大脑。

我在公众号曾发表过一篇关于这个研究的文章，简要介绍过3T原则，但是很多父母觉得不够详尽。现在好了，机械工业出版社翻译引进了萨斯金德博士的书，大家可以详细阅读本书，按照书中的案例和理论，实践到自己的生活中去。

父母语言对孩子的意义，可能比任何昂贵的早教班都更加深远。推荐父母将这本书买来看看，参考这本书的方法，用"语言"帮孩子塑造更强大的学习型大脑。

小楼老师

小楼老师心理课公众号主编

Thirty Million Words
译者序

现在是 2017 年 8 月 4 日晚上 6 点半，烈日刚刚结束对重庆 40 度的炙烤，透过窗户我隐隐可以看到即将消失在天际的那一抹夕阳。整个城市仍然被热浪包裹着，闷热难耐，恐怕只有一场大暴雨才能给它带来一丝清凉。

此时的我坐在书房里，正为这本书写序，编辑嘱咐我写得柔软一点，于是我不禁想到内心深处最柔软的他——我那 22 个月大的儿子。他对一切事物都充满着无穷的好奇，仿佛要把这个世界统统探索一遍：大树上掉落的一片叶子，他会蹲下仔细看个半天；邻居家的狗狗出门，他紧跟着冲出门，追着小狗一路狂奔是他近来最爱做的事；早上我抹脸，他也要把我那堆女人用的瓶瓶罐罐——拧开，抹到自己的小脸蛋上。

孩子，你是如此天真活泼，招人喜爱。谢谢上天赐予我这么珍贵的礼物，我一定要好好陪伴你、呵护你、善待你。如今你正牙牙学语，每时每刻都迫不及待地想和这个世界对话，作为妈妈的我到底应该怎么配合你，为你营造适合你的语言环境呢？

去年 8 月，我儿子差不多 10 个月大，那个时候我疯狂地浏览各大网站五花八门的早教论坛。因为随着孩子慢慢长大，我开始不安起来，我发现他的需求不仅仅是喝奶和睡觉，他还需要点别的什么，但是我完全不清楚这些"别的什么"究竟是什么。我几乎每天都在问自己："除了给孩子生命，我还能给他什么？"正当我在孩子这件事情上极度无助的时候，编辑把这本书递到了我手上，让我先学习后翻译。初为人母、毫无育儿经验的我如获至宝，仅仅粗略翻看一遍后，父母对儿童进行早期语言教育的内容就印刻在我的头脑中。

这本书前后翻译了三个月。坦白讲，这三个月的确比较辛苦，我一边要照顾孩子，一边要搞好工作，一边还得兼顾翻译进度。尽管如此，我却获得了前所未有的翻译体验。以往翻译一本书，我仅仅把它当做一项任务。然而这次，我更多是以一个新手妈妈的心态去学习、去感悟、去实践这本书中提到的 3T 语言法。每天我都渴望多阅读一些，多翻译一些，迫不及待地想早点让更多处在迷茫中的父母体会这本书的非凡意义。

早期教育能促进大脑的发育

婴幼儿时期是孩子神经系统发育最快、各种潜能开发最为关键的时期，因此是进行教育的好时机。根据敏感期和大脑发育理论，人类对各种信息和各项能力发展的敏感期都集中出现在生命的最初几年，这个时期是人一生中独特和重要的发展阶段，也是宝宝获得智慧的最佳时机，称为孩子发展的"机会之窗"。早期教育的核心在于提供一个教育营养丰富的环境,对孩子的大脑发育和人格成长进行最大化"激活",从而为其日后的发展打下坚实的基础。

一些家长担心,对孩子实施早期教育,会累坏孩子的大脑,其实这种担心是不必要的。一些研究者曾经用动物的大脑和生化的变化证明,早期丰富的环境刺激与学习机会不但不会伤害大脑,反而会促进大脑的发育。人的智力或心理是遗传与环境交互作用的结果。

儿童的潜在能力遵循着一种递减规律,即生下来具有 100 分潜在能力的儿童如果一出生就进行理想的教育,就可以成为具有 100 分能力的人;若从 5 岁开始教育,即使是理想的教育,也只能成为具有 80 分能力的人;若从 10 岁开始教育,就只能成为具有 60 分能力的人。

3000 万词汇的差距

你相信吗?这个世界上没有那么多天生聪颖的孩子,更多的聪慧源自其善于沟通的父母。生活在贫困家庭的孩子由于缺少与父母的沟通,在 4 岁前比生活在中产阶级家庭的孩子少听了 3000 万词汇。是的,你没有看错,就是 3000 万个!

这么大的差距从何而来?

让芝加哥大学妇科及儿科教授,小儿人工耳蜗项目负责人,芝加哥大学医学院"3000 万词汇倡议"机构的创始人达娜·萨斯金德博士来揭晓答案吧。

达娜·萨斯金德博士致力于研究发育中的孩子早期接触的语言数量，是否会对其大脑构造和发展产生非常不同的影响，进而直接影响儿童的学习能力和性格塑造。本书是她30年复杂研究的结晶，书中提到我们天生拥有各种各样的潜能，但要下一番工夫才能挖掘出它们。正如每一颗种子都有潜力成长为玫瑰、牵牛花或绣球花，但最关键的一点，还得看它们是否得到了恰当的照料。大脑的发育也跟开花结果没什么两样。科学研究表明，大脑的发育依赖于适宜的环境带给它所需的养分。儿童的智力发育并不是自动发生的，它很大程度上依赖于父母能否提供一个良好的语言环境。

在此，作为本书译者，我不得不强调，一个良好的早教语言环境并不单单只跟词汇的输入有关。在这个环境里，父母要为孩子营造出亲密的关系。这里并不是要批评不善于表达的父母，相信他们也有其他的情感表达方式。不可否认的是，语言是一个强而有力的媒介。交谈时，人们通过它来显示自己对话题的热衷，此外，语言还可以让我们与他人建立情感的共鸣。

究竟如何为孩子构建一个良好的语言环境呢？答案尽在这本书里。在翻译本书期间，初为人母的我已经非常认真地阅读完本书的所有理念，并将其贯彻到生活中去。渐渐地，我发现良好的语言环境，不但能开发孩子智力，还能改善亲子关系！相信你也可以做到！

任忆

高校英语教研组组长，儿童外语习得研究者

Thirty Million Words
目录

推荐序
译者序

第一章
缘分：儿童人工耳蜗医生眼中的大脑发育

扎克和米歇尔先后由我植入了人工耳蜗，但随着时间推移，他们的学习潜力和社会表现差距巨大。为何相同的年龄、智力和手术操作，产生了不同的结果？是因为扎克家境更好，先天条件更优吗？在追寻答案的过程中，我逐渐发现，父母的社会经济地位并不影响孩子学业的好坏，然而父母与孩子交谈中使用的语言，也就是说早期的语言环境直接决定了孩子日后的社会表现。

第二章
3000万词汇：父母语言的力量   23

家长与孩子的对话越多，孩子词汇量会增长得越快，孩子日后测试出来的智商会越高。错过对儿童语言能力的培养就可能造成孩子以后在学业上和其他同学有差距。

不同家庭语言环境的差距可以达到3000万个词汇，如果稍不注意错过了句子中某个熟悉的词汇，孩子们就会难以弄清下一个词汇的意思。研究人员称"仅仅几百毫秒的优势就为孩子赢得了学习的机会。"

第三章
神经可塑性：早期语言环境的决定性影响　｜ 45

宝宝一出生，每 1 秒都会产生 700~1000 条额外的类神经连接，其带来的让人难以置信、错综复杂的大脑回路便是大脑的构造，影响孩子所有的大脑功能，包括记忆力、情感、动手能力，当然还有语言表达能力。语言能力将为孩子日后的社交、情商和认知能力的开发奠定基础。

第四章
语言的力量：从思维能力到人生观　｜ 67

"父母语言"的定义具有迷惑性，因为"父母语言"的神奇作用远不止简单的词汇导入。根据父母对孩子说的词汇量和父母对孩子说话的方式，父母语言会影响孩子数学、空间推理和读写能力的发展，以及孩子约束自身行为和应对压力的能力；且孩子的毅力和道德品质也会受到影响。我认为所有的父母都应该知晓这一点。

第五章
3T 原则：优化大脑发育的亲子沟通　｜ 109

不管父母在跟孩子谈论尿布的气味也好，花朵的颜色也好，或者三角状的物体时，3T 原则都应参与其中。因为语料丰富的早教语言环境对于孩子的大脑发育有至关重要的作用。

3T 原则即共情关注（tune in），充分交流（talk more），轮流谈话（take turns）。在数学概念、读写能力、自我管理、执行力、批判性思维、情商、创造力和毅力培养等方面，3T 原则也能发挥相当的引领作用。

第六章
唤醒潜能：不一样的童年，一样的希望　| 173

有证据表明，贫富差距可能使孩子们学习效果的差距越来越大，这导致大量的公共资金流向了学前教育项目。但儿童教育的问题不简单是个经济学问题，不论贫富，语言环境都只和家庭、父母相关。本书表面看来是在讲述孩子和智力的可塑性，但其核心是关于父母重要而强大的作用。孩子的教育并不是起跑线的抢夺游戏，而是终生你追我赶的竞技，是一个更美好的社会期许。

第七章
重视父母的语言，融入育儿文化　| 199

白宫技术政策办公室邀请我的团队帮助其组织一场名为"跨越3000 万词鸿沟"的会议。我们预测 3000 万词汇项目的数据支持会由一个类似于可汗学院的交互网站提供，成为一股统一的社会思潮，融入文化之中。每一个父母的耳边都会回响着："和你的小宝贝说说话吧，好好说，你的小宝贝会有所回应的。"

附录　幼儿教育组织和资源　| 221
后记　走过海岸线　| 236
致谢　| 237
注释⊖

⊖ 本部分内容上传至 www.cmpreading.com。

1

第一章

缘分：儿童人工耳蜗医生眼中的大脑发育

> 双目失明让我看不到世界，双耳失聪让我听不见人心。
> ——海伦·凯勒（Helen Kaller）
> （美国女作家）

父母的语言是世界上最珍贵的语言。不论他们来自哪个民族、不论他们使用怎样的词汇、不论他们的经济地位如何，他们的语言对开发孩子大脑潜能起着最为关键的作用。如果脱离语言，孩子大脑发育将会受阻。听力正常但语言环境不佳的孩子，与天生耳聋且未接收大量语言符号的孩子无异。如果不对这两类孩子进行干预，那么他们则很可能会终生保持沉默，这样的打击对孩子来说是致命的。当然，如果一个孩子（不管他是听力正常的孩子还是植入了人工耳蜗的孩子）生活在语言符号丰富的环境中，那么他的大脑发育一定可以得到促进和提高。

我 的 故 事

一名负责儿童人工耳蜗植入的外科医生写了一本关于父母语言影响的书，我个人觉得这并没有什么好奇怪的。但在大众的心目中，外科医生是不善言谈的。他们擅长的不是嘴上的，而是手上的：外科医生不但能在手术室里用灵巧的双手完美地为患者缝合伤口，还能准确诊断出患者的病情并及时给出手术方案。对一个医生来说，没有什么比完成一台漂亮的手术更令人开心愉快的了。

人工耳蜗植入术可以帮助耳聋患儿重获听觉。耳蜗由一条骨蜗螺旋管环绕蜗轴旋转两圈半而成，这个器官就是听觉神经开始的地方。如果耳蜗受损，那么声音传到这里就戛然而止了。人工耳蜗的植入可绕过损伤的内耳毛细胞，直接刺激听觉神经，将听觉信号送到大脑。最终，聋儿能听能说，他们不管从学习层面还是从社会层面都能很好地融入社会。我认为人工耳蜗植入术对完全丧失听力的孩子来说简直就是一个福音。

正是大脑赋予了我无穷的想象力。大脑有别于耳朵这样的器官，它似乎神秘莫测，掌管着生活中的一切未知之处。在医学院上学的时候，我就梦想有一天能成为一名神经外科医生，亲手解决患者所遇到的棘手问题。

然而，我在医学院经历的第一次神经外科手术——脑膜瘤切除术却并不那么顺利。当天由神经外科主任R博士操刀切除病人脑部的这个良性脑膜瘤。因为我当时正跟着R博士编写一本教材，"脑膜瘤切除术"就是其中一个章节，所以他叫我到手术室亲眼看看这个手术，还给我布置了一个清洗的任务。

进了手术室，R博士就示意我往手术台上看。我看到手术台上躺着一个人，被剃了光头，头皮沾满消毒用的黄色必妥碘和刀口渗出来的鲜红的血。这个人的颅骨被切开了一个口子，里面灰色的凝胶状的大脑正在有节奏地跳动着，好像随时可能从里面蹦出来一样。病人整个身体被一块长长的蓝色无菌布遮住，看上去像在做魔术表演一样。

看着手术台上的病人，我突然想到自己脑袋里怦怦跳动的大脑。难道就是这一团黏糊糊的东西在掌管着我们的思想和行为？真的是这样吗？我开始手脚发软，伴着手术室耀眼的灯光，我感到一阵头晕目眩，R博士在说着什么，可是我几乎什么都听不到了……最终，我被几个在场的护士从地上扶到椅子上。是的，你猜对了，我晕倒了。很难堪吧！

20世纪80年代在神经外科界流传着这样一句话："如果你的脑子被医生动过，你就不是原来的你了。"那个时候，但凡接受了脑外科手术的人，即使从手术台上活着下来了，身体状况也远不如从前了。当然，随着医疗条件的提高，在过去的这些年里情况已经越来越好了。即使是这样，我也不想再从事与脑外科相关的工作了。之前在手术室不太好的经历让我想换一种方式来和大脑打交道。耳朵，就是其中一种我选择的方式。罗德勒斯克是我在圣路易斯华盛顿大学当研究员期间的导师，他的业务能力非常强。在他的指导下，我掌握了人工耳蜗植入术的要领。

人工耳蜗植入术在我看来是最优雅的外科手术之一，整个手术仅依靠高功率显微镜就能完成。显微镜内部有一个小巧且精密的装置，转向非常灵活，能把耳道放大很多倍。手术时，不需要开灯，显微镜的光便足以把整个耳道看得一清二楚。医生和患者通过这道光彼此间默默地交流着。我认识的很多外科医生喜欢放着音乐做手术，而我却喜欢安静地做手术，所以整个手术室只听得到我手里的电钻嗞嗞作响，这就是我的"背景音乐"。

我成为头颈外科医生，负责小儿耳蜗移植术，是很偶然的。因为医疗界的两件重大事件给先天性聋儿带来了佳音。

1993年美国国立卫生研究院（the National Institutes of Health）建议新生儿在出院前接受听力筛查，旨在尽早发现有听力障碍的婴儿，指出所有有听力障碍的婴儿都应该在3个月前被发现，6个月前予以干预。这项关于公共健康的倡议是非常明智的。曾经，家长和儿科医生最初发现孩子有听力障碍，不会说话时，总习惯自我安慰道："这孩子只是说话晚而已。"或者"她的哥哥话多，她话少而已。"可事实上，他们早已双耳失聪。如果到孩子三岁才被确诊为耳聋，那么最佳治疗时机早已错过。听力筛查有助于先天性耳聋的婴儿在三个月内被发现并及时得到救助。由此可见，孩子初期听力筛查的意义是十分巨大的。与此同时，人工耳蜗植入术应运而生，这可以称得上是神经医学发展史上的奇迹。人工耳蜗让数百万聋儿重获听力的梦想成为可能，他们的命运将就此改变。

人工耳蜗植入

人的大脑和神经系统很任性。一旦患上脑性瘫痪、中风或者遭受脊髓损伤和踢足球引起的头部外伤，遇到这类脑和神经受损，医生往往认为"改善就是最好的治疗了，不要奢望治愈"。听力丧失就是其中一个非常典型的例子，医生能够做到的就是"改善"而已。其实，还大有可为。

1984年，美国食品药品监督管理局（FDA）批准第一例成人单电极耳蜗进入临床移植，该耳蜗具有声音探测和声音识别的功能。随后，1990年，具有复杂处理功能的多电极儿童人工耳蜗问世，这几乎和新生儿听力筛查推广发生在同一时间。当先天性聋儿的大脑正好发育到能够处理语言信息时，患儿植入人工耳蜗就能重回有声世界。

人工耳蜗的问世和新生儿听力筛查这两件历史性大事件出现的时机刚刚好，为什么这么说呢？因为孩子长到三岁时，脑部发育已完成85%，脑神经细胞多达数千亿个，此时的大脑正为思考和学习做准备。科学研究证实，脑部发育与幼儿的语言环境息息相关。不是说大脑在孩子三岁以后就停止发育了，而是三岁以前是大脑发育的黄金期。婴幼儿的听力丧失也被称为"神经系统发育过程中的突发状况"，这将阻碍他们的正常生长发育。

由此可见，早期的听力筛查对孩子的重要性不言而喻。如确诊为耳聋，则需要尽快实施人工耳蜗植入术，如果错过这个最佳时机，等孩子大了才去诊断，即使植入了人工耳蜗，康复效果微乎其微。虽然，人工耳蜗确实属于高科技产品，但是这并不意味着它在孩子成长的任何时期都能完全发挥作用。这是因为一次成功的人工耳蜗植入术需要利用"脑神经可塑性"，即大脑在新的刺激下发育。虽然就语言学习来说，大脑神经的可塑性在每一个年龄段都会发挥一定的作用，但是从出生起到孩子三四岁，这个时期是一个关键期，一定不容错过。有两种情况除外，一是后天耳聋，之前曾经尝试过学习说话，大脑已经具备了处理语言的能力；二是先天耳聋，但没在关键期内做人工耳蜗植入，这样最好的情况是听得到声音，但几乎不明白意思。

然而，后来我了解到，即使在最佳时间植入了人工耳蜗，也有可能因为一些原因导致康复效果不佳。

进展缓慢让我受益

我是在芝加哥大学做人工耳蜗植入的研究项目，该学校位于芝加哥南部，这个地区经常会爆发一些因居民受到不平等待遇而引起的示威活动。在做项目研究前，我发现这个地区的聋儿家庭承受着来自社会和经济的双重压力，聋儿和家人之间的交流也可谓困难重重。这对我和研究团队来说无疑是一次严峻的挑战与机遇。这次经历也改变了我的思维方式和职业规划。

20 世纪 60 年代末期，是人权冲突最激烈的时期，当时我还是个小孩子。我母亲是马里兰州巴尔的摩市的一名社会工作者。有一年年底，母亲被派去秘鲁做一个在利马贫民窟建立未成年人庇护所的研究项目，她也带着我一起过去了。一次她编了一个铝制背篓让我坐进去，然后背着我翻山越岭，当地的居民好奇地看着我们，他们或许从没有见过别的外国人这样做过。后来，妈妈告诉我，她做的远不及她学到的多。对没有机会学习的孩子来说，他们的潜力是无穷的。我后来面对自己的患者也有同样的感受。在研究项目开展初期，我几乎对人工耳蜗植入一无所知，这是我最大的障碍。

事实上，我在芝加哥大学的人工耳蜗植入项目开展得很缓慢。我以为患者会排着长队前来咨询，但是他们并没有像我想的那样如在商场大甩卖般纷至沓来。但正是这样缓慢的进展让我发现了一个被忽略的关键问题。

来咨询的患儿实在屈指可数，人少我就有充足的精力给他们父母般的关爱，我留意着他们每天的点滴变化，嘴角扬起的第一丝微笑或人生迈出的第一个步子。每每看到这些，我由衷地感到骄傲。人工耳蜗植入后要进入"激活"状态，即启动患儿的耳蜗装置，每次这样的重要时刻，我都会亲自到场。当患儿听到声音时，我像他们的父母那样欣喜若狂，然而，当患儿的植入术完全没有达到预期效果时，我会非常悲伤难过。

人工耳蜗植入后出现的问题也不少，比如声音的延迟反馈；患儿听到有人叫自己名字时毫无反应；说话或者读书时发音迟缓。更让人费解的是，起初情况很相似的几个小孩，做出的反应却截然不同。在寻找答案的过程中，我很偶然地走进了先天性聋儿的世界。

曾经我把观察患儿们看作一项科学研究，从不会把它看作一件有趣的事情。包括我在内的很多学术界人士都认为，有足够大的数据支撑的科学研究才足以支持或者反驳某个立场，才有所谓的说服力，才是"真科学"。但我慢慢地意识到若不顾及自己在研究中的个人感受，一味追求所谓的大数据，反而会让我们忽略一些重要的发现。

扎克和米歇尔

扎克是我的第二个耳蜗植入患者，米歇尔是第四个。这两个孩子都是先天性耳聋，他们在很多方面有着非常惊人的相似之处，比如相同的智力、父母都深爱着他们、希望他们早日回到有声世界，也都接受过高端仪器的治疗。先天条件相同、手术相同，却有着不同的术后效果。

我从扎克和米歇尔身上学到的东西是任何一本医学教材里都不曾提到过的。在了解到手术有其局限性的同时，我也感受到一股从未感受过且对我们的生活有重大影响的潜在力量。

扎克

扎克被父母带到我们的研究小组的时候，只是一个 8 个月大的小人儿，头发少得勉强可以看到几根。他很爱笑，蔚蓝的眼睛目不转睛地盯着我们。得知小扎克双耳失聪，父母感到非常震惊。在他们的家族里只有一个远亲有听力障碍，他在 60 岁的时候已经戴上了助听器。

除此以外再无旁人患过耳聋。姐姐艾玛比扎克大两岁，听力正常，是个酷爱讲话的姐姐。扎克的父母身边也没有耳聋的朋友，所以他们想到来我们研究小组寻求帮助。

扎克的父母受过良好教育，始终表现得沉着冷静且意志坚决。他们知道需要做一些选择，他们没有过多犹豫直接告诉了我们他们的想法：希望扎克有一天能听能说。扎克在确诊后的第一时间就戴上了助听器。尽管有的家长总是不停地督促孩子坚持戴助听器，可扎克很乖，总是很自觉地自己戴好，两只小耳朵耷拉着，活像经飓风洗礼过的棕榈叶子。

扎克父母在很多方面都表现得很积极。最初，他们请了一个治疗师到家里来用仪器帮助扎克提高语言能力。他们甚至开始学习手语，因为他们希望有一天扎克可以自如地与人交流。最终，扎克和父母靠着手语实现了彼此的交流。

扎克的父母从一开始就知道通过植入人工耳蜗，孩子就有重获听力的可能。时机是扎克的问题所在。其实扎克在婴儿时期已经通过听性脑干反应测试对听力进行了评估，测试结果显示"无反应"。电流通过听性脑干反应区域时，在屏幕上没有显示出神经受刺激后反映出来的峰值，这就说明大脑对声音无反应。扎克的助听器测试也同样受挫。因为他的听力损失非常严重，所以即使声音在 90 分贝（类似摩托车比赛时的轰鸣声）时，大脑无法捕捉到声音，助听器也没什么反应。尽管如此，扎克的父母丝毫没有放弃，仍然让扎克戴着无声的助听器，他们希望奇迹出现在扎克身上，相信助听器总有一天会管用。于是他们决定响应 FDA 的倡议，着手准备人工耳蜗植入申请，在等待获批的这一年这对父母又做了什么呢？

他们仍然很积极，扎克的妈妈从一开始就知道助听器不管用，为此她一直在想别的办法。还是个婴儿的时候，妈妈让扎克趴在自己胸前，她一边唱着催眠曲，一边把扎克的小手放到自己的喉部，让他感受到声音通过喉咙时的振动。后来，她把扎克带到我这里来了，毫无疑问她的目的就是希望接受人工耳蜗植入术。扎克的父母决定把他恢复听觉的那一天，定为他的"听觉生日"。

　　耳蜗植入只是第一步，要想真正过上"听觉生日"还必须把耳蜗装置激活。这是一个非常戏剧化的时刻，母亲不停地对着孩子说："宝贝，你可以听到妈妈的声音吗？妈妈非常爱你。"如果激活成功，宝贝的脸上会出现很吃惊的表情，紧接着妈妈开始微笑、大笑、大哭。这个场景的确让人非常感动。你也可以去网上搜索"人工耳蜗激活"，你一定会感动得流泪。

　　待扎克真正的"听觉生日"到来时，他和父母显得异常冷静和放松，以至于忘了拍下这难忘的瞬间，这是扎克的妈妈觉得很遗憾的一件事。

　　过"听觉生日"也好，耳蜗装置成功激活也好，这仅仅是迈向可以说话这个目标的第一步。许多父母也相信从装置激活到学会说话需要经历漫长的过程，不是三两天就能解决的。耳蜗植入后，孩子要花上一年的时间适应和理解这个世界的声音，这其实并非那么容易。耳蜗植入手术前扎克并不能听到摩托车的声音，手术后他可以听到最小声的窃窃私语。但是，当他听到声音时，他的大脑却无法处理这些声音，他完全听不懂。但这些声音是像扎克这样的孩子在说话前必须要学会处理的。

　　扎克的家里充满了谈话声、读书声和歌声。尽管他的父母认为他话说得不错，但我似乎感觉不到。当他来我的诊室时，我给他玩玩具、贴贴纸，目的是想鼓励他说话，可我几乎用尽了一切办法，他却一个字也没有说出来。后来我用幽默的方式和他交流，那时他三岁，是的，他终于开口说话了。

一次，我们耳蜗植入研究团队举办了名为"声音的礼物"的小提琴独奏会，由芝加哥交响乐团演奏。很多应诊的家庭应邀前来参加。音乐响彻了整个医院大厅，人们漫步大厅，从长桌上取饼干和其他点心吃。这个时候我发现扎克在讲话，千真万确。他就站在摆放核仁巧克力饼和曲奇饼的桌子之间，在帕格尼尼或者是贝多芬的画像旁，大笑着，指着爸爸大声喊着："哈哈，爸爸放屁了！"这一刻，我知道，扎克的进展非常顺利。

现在扎克在一所公立学校读三年级。听觉方面的专家会定期来检查植入的耳蜗装置，看它是否运行良好。他在学校学了阅读和数学，和朋友玩得很开心，时而也和姐姐打闹一番。心无杂念、爱心满满的扎克父母也没有带他出去做别的治疗了。在我面前的是一个聪明活泼的 9 岁孩子，种种迹象表明他已经发挥了潜能。助听器限制不了他的人生。从各方面来讲，他都是幸运的。

如果扎克在 1985 年出生，提前 20 年，听力丧失注定影响他的一生。尽管失去听觉，但是我们也可以通过其他方式让自己生活得幸福快乐。可是不得不承认，人工耳蜗的问世让扎克去了普通人的学校学习，改变了他的未来。听力受损会产生多米诺骨牌效应，它直接导致说话受阻，而后影响学习能力。显然，这样的影响会伴随孩子的一生。一项针对成年先天性耳聋患者的调查显示：他们虽然通过手语学习过一些文化知识，平均水平大概相当于小学四年级学生，但事实上还是有大约 1/3 的人和文盲无异。

当然，这些数据对有良好的语言环境的群体来说并不具有代表性，他们的孩子从小就受到熟练的母语或手语的熏陶。他们在艺术和科学方面有很强的天赋，他们的人生非常出彩。然而，也有康复效果不佳的患者。他们当中 90% 的人家庭语言环境不太好，尽管家长给予了孩子很多关爱，但他们不用手语和孩子交流。这就直接导致了孩子错失了头几年的最佳治疗期。因为在这个时期，神经塑造功能开始发挥作用，大脑开始发育，语言环境不好，肯定是不行的。

扎克天生耳聋，但是他的阅读水平相当于三年级水平，仅凭这点，我们就可以预见他今后在学习方面肯定会取得成功。此外，扎克取得这么好的康复效果还应归功于两位得力的父母、先进的康复手段以及政府给予的医疗政策。

米歇尔

> 丰富的语言环境就像氧气。当你拥有它的时候，你觉得理所当然，当你没有它的时候，你才会意识到它是如此重要。
>
> ——原谅我未经尼姆·托特纳姆（Nim Tottenham）的允许引用了此句

当我们完成一幅拼图时，我们不禁要感叹眼前的每一小块拼图其实都是一种可能性，当它们一一被放到正确的地方时，这便促成了完美。但，如若其中的一块拼图缺失了，情况会截然不同。米歇尔的故事和我的转折点就开始于此。

7个月大的米歇尔看上去就好像日本动漫里面的女主角，水晶般的蓝眼睛炯炯有神，聪慧迷人。她的笑声是那么让人喜悦。和扎克一样，米歇尔天生耳聋，尝试过所有恢复听力的可能性。导致她不完美的这块拼图并不那么容易发现，起初我完全没有意识到，她听力出现了问题。坦白说，如果我先认识米歇尔，我同样也会接受她治疗效果缓慢这一事实，因为治疗技术存在着局限性，或者说有的治疗本身就不是立竿见影的。但问题是扎克的案例仿佛已经建立了一个标准，事实上，经历耳蜗植入术后，米歇尔的恢复效果并没有达到我们的预期。

米歇尔的父亲因2号染色体发生畸变（罹患瓦登伯革氏症候群）导致中度耳聋，之前接受过听力矫正治疗。米歇尔患有同父亲一样的病症，双眼间距大，蓝色眼珠，听力受损，智力正常。在与米歇尔的母亲劳拉聊天的过程中，我们的团队了解到，她十分爱米歇尔，米歇尔可以说是她的全部，但是目前她没有工作，心思都在照顾米歇尔上。面对双耳残疾的女儿，经济压力可想而知。我们决定先让米歇尔尝试接受听力治疗，尽管我们清楚，米歇尔的情况仅仅通过这些辅助治疗显然是不够的。如果没有用，我们再考虑实施人工耳蜗植入术。米歇尔刚接受了听力辅助治疗不久，他们一家就搬家了。团队对米歇尔的治疗不得不终止。时隔一年，我们又见面了。劳拉认为之前接受的治疗根本没有效果，她希望可以遵从我们起初的建议试试人工耳蜗。我清楚地记得米歇尔的"听觉生日"大约是在她两岁的时候。当时，我们为庆祝装置激活的日子，送给她一个小蛋糕和一只漂亮的气球。毕竟这样的时刻对于我们来说，如同节日一般。当耳蜗被激活的那一刻，米歇尔仍然埋头吃着手里的蛋糕，几乎没反应。我们知道，几乎没有反应并不是完全没有反应。基于这一点来说，我们和她的母亲仍感到非常兴奋。因为米歇尔好像听得见一点，这就意味着她有学习说话的可能。

植入人工耳蜗后，米歇尔的听力最终达到了正常人的水平。听力学家和语言治疗师都称她是海绵，对于我们想从她身上挖掘的东西，她配合得非常好。但也不是说事情就这么一帆风顺了。问题也是存在的，并且还很明显。听力测试时，她听得到声音，但是好像从来无法理解说话内容。她的母亲在家里也注意到同样的问题。最后，我们确定米歇尔可以听到，但无法听懂。

这件事让我的团队、治疗师和听力学家十分沮丧。事实上，在治疗初期，团队就已经讨论过该如何帮助米歇尔和她的母亲，譬如说，我们希望她们学到更多的手语和语言，以此提高米歇尔的语言能力。但这一切似乎都是徒劳。米歇尔的情况和扎克有所不同，扎克当时在我面前不是开不了口，只是需要我的鼓励，后来他终于说话了。而米歇尔是完全听不懂，不可以说话。很明显，她的情况比扎克严重且复杂很多。

既然两个孩子都植入了人工耳蜗，那么就应该能听、能说、最终完全融入我们的世界。为什么米歇尔不可以，到底是哪一个环节出问题了呢？究竟是什么原因导致两个孩子的治疗效果截然不同？在寻找答案的过程中，我开始慢慢思考耳蜗植入以外的因素，因为这些造成米歇尔和扎克学习能力有差别的因素大同小异，关系到一个人的潜力。

语言环境与学习水平

孩子在小学三年级时的阅读水平就可以反映出他未来的学习水平。扎克的阅读水平完全达到了三年级水平,年龄与水平相符。

米歇尔也上三年级,但她必须在"特殊教室"学习,有交流障碍的孩子都被安排在这个班。即使打开耳蜗装置,她也只能说一点点话,比画几个最简单的手语。自由地说话对她来说简直是一个遥不可及的梦想。不仅如此,她的阅读水平还停留在幼儿园水平,未来令人担忧。

为什么这个聪明的小女孩却没有得到人工耳蜗的眷顾呢?原因是我对出问题的地方总是后知后觉。有一次,我和团队为了更好地了解患者在学校的学习和康复情况,专程去参观了芝加哥一所学校的"特殊教室"(专为听力缺失的孩子而设)。这样的"特殊教室"按功能的不同,分为"口语教室"和"手语教室"。"口语教室"以口头发声为主要交流方式,"手语教室"则以手语为主,口头发声为辅。我之前特别自信地认为凡是被我们植入耳蜗的孩子都会出现在口语教室,因为他们的听力在慢慢恢复当中,语言肯定也会不断地进步,但是我错了。

"手语教室"里有九个孩子,他们围坐在椭圆的桌子旁,面朝着正在比画手语的老师。整个教室静得让人窒息。米歇尔一双迷人的蓝眼睛让我很快找到了她,我上前给了她一个拥抱。她显然已经不记得我是谁,满脸疑惑地盯着我看,随后又羞涩地对我微微一笑。眼前的她不再是我初见的那个蹒跚学步、充满活力的米歇尔,她的光辉似乎完全褪去。她的老师知道其中的原因,她告诉我小米歇尔从头到尾面临的种种困难：到学校的时候午饭还没有着落，衣服也脏兮兮的，最严重的是她既不会用口表达又不会用手比画。看着她那可爱的面庞，真的很难说这是聋儿自己的悲哀还是贫穷带来的悲哀。毫无疑问，一个人的潜能被生生浪费了，这本身也是一种悲哀。

扎克和米歇尔这两个孩子到我这里来的时候，潜力都差不多，但是康复的结果却那么不一样。尽管他们的家庭背景迥异，但是社会地位和经济条件绝不会影响一个孩子学习说话。作为一名外科医生，曾经我对人工耳蜗这个小小的装置抱有非常大的希望，只要装上它，聋儿的世界将不再寂静无声，他们会和正常人一样自由愉快地说话交流；曾经我是多么推崇人工耳蜗在患儿黄金年龄植入会达到最佳恢复效果这一说法。可如今，我遭到了致命打击，充满了挫败感。最重要的是，这样的感觉从未有过。

我必须遵从希波克拉底的誓言，类似医生的职业操守：尽管手术完成了，但是只有患者获得良好的手术效果，我的工作才算真正结束，才可以松口气，愉快地到手术室外透透气。

左手科学，右手责任

在芝加哥大学期间我结识了很多医学和社会学方面的学者，他们学术造诣深厚，贡献了大量有价值的研究。他们要么是诺贝尔奖得主，要么是研究世界上最深奥问题的人。我必须承认，我永远也成不了他们当中的一人。我的世界被局限在了小小的手术室。我的终极信念就是通过人工耳蜗植入术让聋儿重获新"声",确保耳蜗装置正常工作。手术结束后相互拥抱亲吻,手术似乎成功了。

手术的成功或许不意味着真正的成功。

人的一生好似天命。呱呱坠地的新生儿永远也不知道自己的未来将如何安排,没有一张日程表告诉他人生的轨迹将如何行进。从出生的第一天开始,我们就无法掌控这些因素,但是它们对我们的整个人生却有着挥之不去的影响。而且,一个家庭的社会地位和经济条件是不会影响孩子获得关爱的,也不影响你拥有一对希望你的人生快乐充实的父母,更不会影响你具有巨大的潜力。但是,一个家庭的社会地位和经济条件会严重影响孩子受教育的水平、健康状况和疾病康复效果。这些正是我走出局限、狭小的手术室后想到的,我需要往更为广阔的社会科学层面去思考。

"健康悬殊"和"决定健康的社会因素"几乎涉及所有疾病,大至癌症和糖尿病,小至老花眼、老年性失嗅,等等。贫穷会导致这些疾病得不到好的治疗。到芝加哥大学这么棒的研究院学习后,我才恍然大悟:小米歇尔的问题出在了她的出生环境上。但是,这似乎又引发了其他的问题。难道就没有解决的办法了?难道我们就眼睁睁地看着这样的事情一遍又一遍地发生在别的具有无限潜力的孩子身上?你是否读过镌刻在自由女神像上的美国女诗人埃玛·拉扎勒斯(Emma Lazarus)的脍炙人口的诗《新巨人》(*The New Colossus*),其中有这么一句"那劳瘁贫贱的流民,那向往自由呼吸,又被无情抛弃,那拥挤于彼岸悲惨哀吟,那骤雨暴风中翻覆的惊魂……"我不禁想到我们要做的是找到解决方案,打破所谓的"历史必然",而不是接受它。

作为外科医生，为社会问题去寻找解决办法意味着我必须走出熟悉的医院和手术室，这个难度对我来说不亚于登上月球。工作的路上，途径气势宏伟的被叫作"四方院"的哥特式建筑，芝加哥大学学者称其为"巨人"，他们在里面思考、教学、研究。这里边就有一群社会学者成天钻研影响一个人行为的错综复杂的因素。我开始慢慢理解为什么手术后米歇尔迟迟不会讲话。我原本可以帮助她的，但我现在才知道。

苏珊·莱文（Susan Levine）和苏珊·戈尔丁-梅多（Susan Goldin-Meadow），"二苏"，是我的同事、挚友和邻居。她们是芝加哥大学著名的心理学教授，40年来，她们一直潜心研究着儿童是如何学习语言的。在她们二位的影响下，我的视野更加开阔，我可以从不同的角度看待事物。尤其在语言习得方面，我的体会最深。

记得那是一个寒冬的夜晚，我从办公室出来得有点晚，来不及换下身上的白大褂，于是匆匆地拿起大衣，顺手披在身上，一路小跑着去旁听苏珊·戈尔丁·梅多教授给本科生上的一堂关于儿童语言发展的课。厚重的大衣从灌木丛上嗞嗞划过，穿过四方院没多久，我便找到了当天上课的教室。这是一间旧式阶梯教室，学生们正围绕乔姆斯基和斯金纳各自的语言认知理论展开激烈的辩论：乔姆斯基认为，语言是天赋的，大脑中有专门的语言装置，我们每个人从一出生就具有掌握人类一切语言的能力，在两三年间由外部环境给语言装置设定特定的参数，于是人就具体地掌握了一门语言。而斯金纳则认为，语言学习能力并不是天生的，仅仅是家长对孩子语言能力的强化训练，是刺激反应-强化的过程而已。通过引导最终让孩子掌握语言规则。我在第一排聚精会神地听着同学们的精彩辩论。尽管我的思维已远不如充满无限活力的他们那般活跃，但静静地看着他们让我觉得踏实。辩论的问题虽然和我在手术室的切割缝合毫不沾边，但每一个问题都是我想关心的。整场辩论我非常认真地听着，理解着，因为这些真知灼见可以帮到我关心和爱护的那些聋儿。

贝蒂·哈特和托德·里斯利

坦白说，直到上了苏珊·戈尔丁·梅多教授的课我才知道哈特和里斯利这两位学者的存在，我完全没有预见到他们二位对我的影响会如此巨大。贝蒂·哈特（Betty Hart）和托德·里斯利（Todd Risley）是20世纪60年代美国堪萨斯大学的儿童心理学家。他们试图通过扩大词汇量等方式来改变贫困家庭的儿童学习不好的现状。最初这个方法似乎还挺灵的，然而当这群孩子正式参加幼儿园的入学测试时，考试结果却并不乐观。于是，两位教授开始寻找答案，最终他们有了一个重大发现：早期的语言环境对孩子的学习至关重要。

贝蒂·哈特和托德·里斯利的厉害之处不在于他们得出了这样的结论，而是在于他们实实在在做了这项研究。要知道在那个年代，人们的传统思维是：若一个人学习好，那肯定是因为他脑子够用；若学习不好，那肯定是他脑子不够聪明，没有别的解释。所以，当时的人们一致认为贫困家庭的孩子和富裕家庭的孩子在学习上的表现肯定会截然不同，因为每个人都知道什么叫遗传，什么叫"龙生龙，凤生凤"。

贝蒂·哈特和托德·里斯利的开创性研究可谓打破了传统思维，

在这项研究中，他们发现：贫困家庭的语言环境和富裕家庭的语言环境是有差别的，这将直接导致孩子今后在学业上的差别。贫困家庭的孩子接收的词汇量远远低于富裕家庭的孩子。此外，孩子接收词语的质量（家长说了什么样的词语和用了怎样的方式对孩子说话）也是有差别的。最终，两位教授得出了这样的结论：父母的社会经济地位并不影响孩子学业的好坏，然而，父母与孩子交谈中使用的语言才是最最关键的影响因素。也就是说早期语言环境的好坏直接决定着孩子今后在学业中的表现。

哈特和里斯利的这个重要发现问世后，人们才开始意识到早期语言环境的重要性。孩子三岁前接收词汇的数量和质量直接影响到孩子最终的学业表现。

梦开始的地方

尽管哈特和里斯利两人研究的对象是有正常听力的儿童，但我的这帮戴着人工耳蜗的孩子们与他们其实并无差别，这些聋儿中，语言环境好的同样学得好，语言环境不佳的孩子学习情况也同样不容乐观。我特别感谢这些潜心研究的科学家们，让我明白聋儿们需要具备的不仅仅是"听到语言"的能力，他们更需要"听懂语言"的能力。因此，必须让孩子们沉浸在丰富的语言环境中，这样才有利于他们的学习。

通过人工耳蜗植入术，我的患儿们无一例外获得了听力，但他们当中有的父母与孩子交谈时存在一些问题，如交谈甚少、缺乏互动、词汇单一，这就很难刺激孩子用大脑去思考听到的声音到底具有怎样的意义。可见，我的这枚"不可思议"的人工耳蜗的作用并没有那么大，它只是一个通道而已，一个能让孩子们奇迹般地听到父母声音的通道。不管是戴着耳蜗的孩子，还是听力正常的孩子，在他们听到父母说话的那一瞬间，他们的感受肯定是一样的。尽管人工耳蜗的确可以赋予孩子们听力，但如果脱离了语言环境，即便安装了也是徒劳，孩子们也是不可能学好语言的。由此可见，家庭语言环境对一个孩子的语言学习是多么的重要。

我希望每个家庭，不论社会经济地位如何，他们的孩子都拥有这样一个梦想：潜能被最大限度地开发。

我们一定要使之成为现实。我们可以的。

这就是我撰写这本书的初衷。

2

第二章

3000 万词汇：父母语言的力量

> 永远不要怀疑一小群有头脑、有担当、意志坚定的人能改变世界，事实上，世界只能被这些人所改变。
> ——美国人类学家玛格丽特·米德（Margaret Mead）

1982年，两名来自堪萨斯的认知社会学家贝蒂·哈特和托德·里斯利为了帮助那些学业不佳的学龄儿童顺利通过入学考试，他们决定对孩子们进行密集的词汇拓展训练，提高学习潜力。然而，该计划却收效甚微。两位教授不禁发问："这个近乎完美的计划为何以失败告终？"原本认为孩子们的所有问题都会被他们解决，但事实并非如此。

　　一开始，这个项目反馈的结果还是不错的。鉴于语言能力对学生的学习非常关键，所以贝蒂·哈特和托德·里斯利把严格的词汇扩展列在计划中，这样孩子们才可能在激烈竞争中脱颖而出。起初的效果好得就像两位学者预计的那样：学生的词汇量逐步提升，空前提高。有了人为干预，孩子们的确积累了不少词汇，但很快他们的学习状态又回到从前。到进入幼儿园的时候，那些积极的效果消失了，这些孩子和没有提前参加过入园词汇集训的孩子居然没什么差别。

　　时任美国总统的林登·约翰逊正极力推行"消除贫困"计划，旨在打破穷人入学难的门槛，这也是那个年代人们的共同愿望。同样，哈特和里斯利也积极响应总统先生的号召，他们的理想愿望是"缓解贫困，消除贫困，预防贫困"，他俩一度成为人们心中的榜样。

　　1965年，美国社会动荡不安，种族暴动及内乱此起彼伏。为了全面提高贫困家庭孩子们的学业成绩，哈特和里斯利联合堪萨斯大学的同事们在当地一个美国黑人贫民区成立了"刺柏花园儿童项目"（Juniper Gardens Children's Project），开始介入学龄前儿童的语言干预工作。项目办公室就设在"C. L. 戴维斯酒吧"（C. L. Davis's liquor store）的地下室。研究者们希望通过这个项目向社区孩子们普及科学知识，严格要求他们的词汇量，最终提高他们的阅读能力，挖掘他们的学习潜能。

一个名为"我们的先锋——刺柏花园儿童项目"（Spearhead—Juniper Gardens Children's Project）的网上视频资料非常详细地记录了当年这个项目的情况。视频中，我们可以看到托德·里斯利青春的脸庞，瘦瘦的他穿着黑色西服，系着领带，神采奕奕地朝他们的"实验幼儿园"走去。

在另一间教室里，年轻的贝蒂·哈特面带微笑地站在讲台上为一帮四岁的孩子读着课文，此时的她像极了一名普通的幼儿教师。他们坚定地认为只要一天天坚持训练下去，孩子们会越来越有希望的。视频末尾出现了这样一段慷慨激昂且振奋人心的旁白：作为开拓者，我们在刺柏花园做了这样的小尝试。希望通过对黑人贫民区学龄前儿童的研究，解决他们目前入学难的问题，使这个群体的孩子同其他孩子一样有优异的学习表现和学习能力。

然而，刺柏花园儿童项目最终以失败告终。消息一出，当时社会的反应是：龙生龙，凤生凤，一切都是基因所致，再怎么研究都是徒劳。哈特和里斯利对这样的"传统观念"表示理解，但却坚定地认为眼前失败的结果并不是最终的定论，他们决定继续为失败寻找答案。这次失败的研究，至少让他们知道了人们对于"孩子们学习能力有差异"这一点的认识是有问题的。转变这一传统观念势在必行。

儿童清醒时间应该做什么

史蒂夫·沃伦（Steve Warren），美国堪萨斯大学教授，20世纪70年代初识贝蒂·哈特和托德·里斯利时，他还只是一名年轻的研究生。在他眼里，贝蒂·哈特和托德·里斯利是极度追求浪漫的人。

浪漫，却不盲目。

他们不愿意抛弃那个被社会忽视的贫困群体，勇敢地向"基因决定一切"这样的传统观念发出挑战，他们像侦探一样，慢慢探寻问题的关键所在。

于是，他们提出了两个问题：1. 婴幼儿和儿童一个星期内醒着的那110个小时到底做了些什么？ 2. 它们对孩子们最终的学习成绩有多大的影响？

千万别小瞧这两个问题。在你刚要思考它们的时候，你就已经被震惊了。因为你必须面临这样一个残酷的现实：关于婴幼儿日常生活的文献资料极其匮乏。也许有为数不多的几篇论文，但也难以得出令人信服的结论。

贝蒂·哈特和托德·里斯利的研究给了我们更多的动力去寻找真正的答案。

早期语言环境的重要研究

贝蒂·哈特和托德·里斯利主要针对"儿童早期语言能力的培养对其最终学业成绩的影响"进行研究，这项研究可以说大大推动了当时社会思想的进步。诺姆·乔姆斯基（Noam Chomsky）曾和 B. F. 斯金纳（B. F. Skinner）展开著名的"口水战"，他们在"早期语言习得是否与外部语言环境有关"这一问题上存在分歧，"正方"和"反方"争论不休。乔姆斯基认为人的语言能力是基因决定的，是"天生"的。

而斯金纳则认为人的语言能力是需要经过一定操作条件训练的，即后天的。最不可思议的是，虽然斯金纳在辩论中强调了后天因素，但"通过父母的语言学习语言"在他的理论中从未提到过。他提出了"操作条件"这一观点，即，通过强化训练提高孩子的语言习得能力，类似于巴甫洛夫的"老鼠按杠杆实验"中的激励机制。

乔姆斯基认为，大脑中有专门的语言装置，我们每个人从一出生就具有掌握人类一切语言的能力，在两三年间由外部环境给语言装置设定特定的参数，于是人就具体掌握了一门语言，这就足以解释为什么在幼儿时期学习语言特别快。他完全不接受斯金纳的说法，觉得特别荒唐。在短时间内学习那么复杂的语法岂能是这么简单的激励机制理论就解释得清楚的？

乔姆斯基的理论获得人们的广泛接受，这就意味着遗传的重要性被普遍接受。所以，很少有人有兴趣去探索语言习得最终结果的差异性，也很少有人对这件事表示支持。总体而言，针对中产阶级家庭婴幼儿的语言习得研究居多，人们似乎认为这些研究得出的结论适用于所有孩子。很少有人去跟进发展过程中的变化。即使乔姆斯基获得了大众的认可，但这也并不意味着争论消失殆尽，我就亲耳旁听过苏珊·戈尔丁·梅多的学生围绕儿童语言发展展开的激烈辩论。从这点上讲，我们要感谢哈特和里斯利，因为正是他们为我们打开了一扇门，让我们开始关注早期语言环境对儿童智力发育的重要影响。

托德·里斯利：老老实实收集数据，认认真真做好研究

尽管贝蒂·哈特和托德·里斯利非常赞同"科学的目的在于服

务社会、解决人类的问题"这一说法，但是从某种程度上讲，他俩似乎反其道而行之。他们不肯完全接受大众公认的"科学"的东西，为了找寻答案，开展了里程碑式的、举世瞩目的研究。这或许就是他们的与众不同之处。

"应用行为分析"指通过分析人的行为解决社会问题。托德·里斯利是发展心理学的奠基人之一。他致力于研究如何通过干预来规范人们的行为。他的同事兼挚友詹姆斯·谢尔曼（James Sherman）曾这样评价他："托德的过人之处在于他有一双慧眼，他可以透过复杂的现象直视问题的关键，进而将这些问题漂亮地解决掉。"换句话就是说，里斯利对于人类错综复杂的行为已经有了一套很清晰的思路。

贝蒂·哈特：最佳拍档

史蒂夫·沃伦说贝蒂·哈特是不可多得的人才。20 世纪 70 年代，她是托德·里斯利的本科学生，当时的她内敛而羞涩，黑框眼镜下隐约可以看见她清瘦的脸庞。成为同事后，贝蒂·哈特和托德·里斯利是研究所里的最佳拍档。贝蒂·哈特亲切地称托德·里斯利为"里斯利博士"。贝蒂·哈特生活中特别平易近人。在工作中，她一丝不苟。学者身份造就了她对研究近乎苛刻的一面。她追求细节，从不放过任何一个精确的数据。如此求真务实的精神让她的梦想一步步成为现实。1982 年，托德·里斯利离开堪萨斯，回到他在阿拉斯加的老家"里斯利山区"，在安克雷奇阿拉斯加大学当了一名心理学教授。自从他走后，研究的重担自然落在了贝蒂·哈特身上。

3000万词汇差距初现

家庭的社会经济状况主要由父母职业、父母受教育水平和家庭收入决定。来自各个阶层的 42 组家庭被选中参与此次的研究工作，其中处于高社会经济地位的家庭有 13 个，处于中等社会经济地位的家庭有 10 个，处于低社会经济地位的家庭有 13 个，还有 6 个家庭处于贫困水平。研究者将持续关注孩子们从 9 个月到 3 岁的成长状况。有稳定的家庭作为研究对象非常重要。也就是说，这些家庭有固定电话可以供我们联系，有固定的居所，并且愿意在未来的几年里住在这个区域，不搬走。

原本该项目选了 55 组家庭，但后来有 4 家搬走了。研究者不得不中断观察研究和数据收集。其实，这几组家庭非常具有代表性，他们的数据对后续研究特别有益。由于个别家庭的不稳定，研究在一开始进行得并不那么顺利。

哈特和里斯利很清楚，他们的研究只能从每天获得的零散信息入手，因而他们不会放过任何一个细节。"因为我们无法确认到底孩子们一天中的哪一个部分对词汇积累有用，所以我们只寄希望于每天获取更多的信息，这样才更有助于我们发现更多的可能性。"

研究整整进行了三年。这三年中的每个月他们都会举行将近一小时的研讨会，整个会议的情况他们用音频和笔记记录下来了。一切为了孩子，为了一切孩子。哈特和里斯利组建的这个团队非常了不起，他们把所有的精力都投入到了该项研究中，三年里没有一个人请过一天假。三年的努力和付出后，他们又开始了第二个三年的工作——对收集的数据进行细致观察和分析。哈特和里斯利最终得出了研究结论。

计算机使人们真切地感受到信息的瞬息万变，如今只需轻点鼠标，我们就可以即刻搜索到想要的答案。但在当时，哈特和里斯利却花了整整三年的时间两万个小时去分析那些复杂的数据，想想都觉得不可思议。

其实，大部分工作是由哈特完成的，托德·里斯利曾经开玩笑地把她称作"工头"。但是在我看来，贝蒂·哈特就是个无名英雄。正是由于她对科学精益求精的态度，数据的收集与分析工作才得以顺利完成，这些数据是研究儿童早期发展的重要资源。我个人认为除了哈特和里斯利，再无他人可以完成如此工程浩大的研究。哈特和里斯利才是真正的天才！

尽管哈特和里斯利的初衷是为了寻找"差异性"，但是他们最受瞩目的研究成果却是不同社会阶层家庭的"相似性"。

哈特和里斯利说："在发展的过程中，每个孩子的相似性逐渐显现出来。我们明白我们应该看到孩子们在同一件事情上的表现。"

孩子们的家长也有相似之处。父母在养育孩子的过程中，各个家庭在很多方面具有一致性。比如，孩子们在社会环境的影响下有了共同的文化认同。他们会引导孩子们说"谢谢"，询问孩子"要上厕所吗？"哈特和里斯利的报告显示，尽管家长们的社会经济状况不同，但他们都想做正确的事，把这些顽皮的小家伙教育好。这会耗费他们很多精力，但他们愿意努力去做。

哈特和里斯利在报告中写道，我们惊奇地发现父母天生具备规范孩子们的能力，这样的规范本身就为孩子们的语言学习提供了最佳条件。最终，我们跟踪的所有孩子都学会了交谈，和家庭成员能愉快地交流互动。这些能力是一个孩子入学前应该具备的。

然而，从数据中我们也可以看到一些明显的差异。比如从研究一开始，我们就发现每个家庭里面父母说话时使用的单词数量会不同。通过半年的观察和数据收集，研究者估算出了每个家庭和孩子对话的时间。当然，研究小组也曾在轮流走访中遇到一些相对"沉默"的家庭，父母和孩子几乎"零交流"。在一小时的时间里，我们发现有的家庭花了至少40分钟的时间和孩子对话交谈，而有的家庭仅花了20分钟。

久而久之，家庭之间的差距越来越惊人。这同样也与每个家庭的社会经济地位的差异有关。在一个小时内，高社会经济地位家庭的孩子平均听到的单词数量是2000个。贫困家庭的孩子听到的单词仅仅只有600个。另外，父母对孩子的回应也是有很大差异的。在高社会经济地位家庭中，父母每小时对孩子的回应有250次，但在低社会经济地位家庭中，父母对孩子的回应每小时不到50次。就拿家长对孩子的口头批准来说，高社会经济地位家庭的孩子每小时会听到大约40个口头批准，然而，贫困家庭的孩子听到的口头批准只有4个。

我们可以根据前八个月父母对孩子说话的量，预测到孩子三岁时父母能对孩子说多少话。因为在研究的各个阶段，我们得出的数据是有一定的一致性的。换句话说，从研究初期到研究结束，善于和孩子交流的父母会继续和孩子保持着非常好的互动，而那些不善言辞的父母，即使孩子自己都会讲话了，他们同样不怎么爱和孩子说话。

孩子早期听到语言的多少真的可以影响他最终学习能力的高低吗？所有数据帮我们找到了这个问题的答案。我们的研究团队付出了三年的时间，历尽艰辛，得出的研究报告无一例外地证实了这一点，可谓颠覆了传统。是的，社会经济水平、种族、性别、出生顺序都不能成为影响孩子学习能力的关键因素。不管这个家庭是富有还是贫困，语言环境都是千差万别的。因此,早期的语言环境才是影响孩子最终学习能力的关键,即,父母应该对孩子说多少话,应该怎么和孩子说话。孩子感受到父母的语言越多,语言能力会越好,与父母受教育程度和社会经济地位没有太大关联。就这么简单。我们得出的研究报告如图 2-1 所示。

```
           13～36 个月儿童听到的语句数
    脑力劳动者家庭的孩子            487 句话 / 小时
    工人阶级家庭的孩子              301 句话 / 小时
    接受福利救济家庭的孩子          178 句话 / 小时

           一年的单词量    差距让人很吃惊
    脑力劳动者家庭的孩子            1100 万个单词
    接受福利救济家庭的孩子           300 万个单词
                                  相差 800 万个单词

           累积起来的 3000 万个单词的差距
           三岁孩子累计听到的单词量
    脑力劳动者家庭的孩子            4500 万个单词
    接受福利救济家庭的孩子          1300 万个单词
                                 相差 3200 万个单词

              三岁孩子掌握的词汇量
    脑力劳动者家庭的孩子            1116 个单词
    接受福利救济家庭的孩子           525 个单词
                                  相差 591 个单词
```

图 2-1　研究报告

真正的差异

智商

词汇量

语言处理速度

学习能力

成功能力

潜力

大脑掌握思考和学习的区域在孩子前三岁已经开始发挥作用了。通过科学研究，我们了解到语言发展是大脑发育的开始。父母对孩子说了多少话以及父母如何对孩子说话是影响孩子语言发展的关键因素，其重要性不言而喻，如果错过，也许我们永远不可能知道。当哈特和里斯利检查这些数据时，他们一致认可良好的早期语言环境对孩子的发展有积极影响，恶劣的语言环境则产生消极影响，包括孩子对词语学习的消极影响。甚至会影响到孩子三岁时的智商。

"几乎无一例外的是，家长与孩子的对话越多，孩子词汇量增长得会越快，孩子三岁后测试出来的智商会越高。词汇量的确对孩子非常重要，但如果强制或禁止孩子接收词汇反而会扼杀孩子的语言学习能力。有的家长刚和孩子聊上，就开始使用一些强制性的语句，如"不要""停下来""不行"等。这就是我们曾经亲眼目睹过的在孩子语言学习过程中比较失败的例子。"

另外还有两个因素对语言学习和智力发育是有好处的。一个因素是父母用不同类别的词汇对孩子说话。如果父母给孩子说的单词种类本来就少，那就不要指望孩子到三岁时能说出丰富类别的单词来。另一个因素就是全家人有一起聊天的习惯。哈特和里斯利发现一对不善言辞的父母是不可能培养出一个能说会道的孩子的。

"我们看到孩子们长大后的言行会和自己的父母很像。甚至在孩子完全会说话后，他善不善谈就要看他父母在家如何表现和示范的了。"

哈特和里斯利在理论上早就预测到儿童早期语言能力对孩子入学后学习能力的影响，果然，最终他们对预估结果感到非常满意。当他俩和戴尔·沃克（Dale Walker）教授时隔六年后再次对孩子们进行回访时，他们发现孩子目前的词汇量、语言能力和学习成绩就是他们几年前预测的那样。

研究最终的结果表明，影响语言能力、学业成绩和智商的因素并不是社会经济地位。哈特和里斯利开创性的研究用确凿的数据说明了儿童早期语言学习效果的确会影响其入学后的学业成绩，也就是说，错过对儿童早期语言能力的培养就可能造成孩子以后在学业上和其他同学有差距。然而，这些数据乍一看，好像家庭的社会经济地位对孩子的学习能力起着决定性的作用似的，但在结合儿童早期语言学习的经历进行仔细分析后，他们认为家庭社会经济地位有一定影响力，但它并不是绝对的。

他们发现了孩子入学后学业成绩有差距，这的确是个严重的问题。但是不得不说这是他们最重要的发现，因为可以通过研究项目去解决它。

研究结果可信吗

我向我的朋友兼同事弗拉维奥·库尼亚（Flávio Cunha）博士提出了这个问题。库尼亚是莱斯大学的经济学副教授，贫穷的成因及后果是他的研究重点。除了经常被人们称赞"聪明"以外，弗拉维奥·库尼亚还是一位非常友好的人，身上具备了许多美好的品格。作为诺贝尔经济学奖得主詹姆斯·赫克曼（James Heckman）教授的追随者（后者科学地论证了幼儿期投资会节省大笔社会成本），弗拉维奥·库尼亚对哈特和里斯利的研究做出了如下评估。

库尼亚认为，这项研究存在的问题是哈特和里斯利仅通过30份的一小时录音样本就确定了孩子的整体词汇量。"这就好比我只研究了这一本书，我就说你的词汇量只有你在这本书里所使用的词汇那么多。"此外，虽然所有的录音时间都一样长，但由于有些孩子说话的次数较少，也就无法准确知晓这些孩子还知道多少其他词汇。能够判断出父母讲话的影响更为重要，是因为如果父母在家里讲得多，孩子就会有更多的反应，而如果父母讲得少，孩子的反应就可能会相应地减少。而在哈特和里斯利的研究中，与其说录音是对习得词汇量的评估，还不如说它指出了父母的语言是如何刺激孩子讲话的。

但弗拉维奥·库尼亚认为，确实存在两项关键要素使哈特与里斯利的研究结果具有可信度：研究采用了智力发展的既定标准，包括斯坦福–比奈智力量表和更重要且已经得到证实的长期追踪数据。哈特与里斯利的研究和结论有力地验证了早期语言对入学准备和长远成就的影响。

但是，是否一项历时两年半，仅包含42名孩子，且每名孩子每月只观察一小时的研究就能得出如此有说服力的结论呢？每名孩子的31个小时研究时间是否能代表那个孩子清醒时的15 000个小时的情况呢？重要的是，31个小时的研究真的能预测孩子的未来吗？

这是不是就是马克·吐温所说的"世上有三种谎言——谎言、荒谬的谎言及统计学"呢？

哈特与里斯利总体的研究目标是了解孩子幼年时存在的因素是否

与孩子后来的学业表现有关。如果有关，孩子最终的学术成就是否能通过一项设计完善的程序得到提高呢？更确切地说，哈特与里斯利想要了解，在父母社会经济地位较高的孩子的早期经历中，是否存在某种让他们学习成绩优异的因素，而这种因素却是贫困家庭的孩子所缺乏的。

最初，有人担心对数据的广义解读偏离了数据的实际范围。在《早期的灾难》（The Early Catastrophe）一文中，他们引用了这样一句话："研究者们提醒大家不要将他们的发现推及那些他们的研究所没有涵盖的人和情况。"不过，最终哈特与里斯利同意，他们的数据证明了早期语言经历可以预测孩子的最终学业成就，这甚至意味着他们项目中的问题很有可能得到改善和解决。

实际上，贝蒂·哈特和托德·里斯利可能低估了其发现的重要性。为了使研究具备"永久性"和"稳定性"，他们的研究中没有包含被威廉·朱利叶斯·威尔逊（William Julius Wilson）称为"真正的劣势阶层"的那些人。也就是雪莉·布莱斯·希斯（Shirley Brice Heath）于1990年所说的那些"几乎一言不发地与单身母亲生活在公共住房里"的孩子们。如果研究中涵盖了这一社会阶层的孩子，哈特与里斯利可能就会发现，词汇量的差距不止3000万。

是否与数量有关

即使没有科学的证明，我们凭直觉也知道，向孩子说3000万次"闭嘴"也不会帮助他成为一名聪明、有所作为且稳重的成年人。哈特与里斯利也证实了这一观点。在词汇数量多的家庭里，还存在诸如语言更丰富、更复杂和更多元等要素。特别重要的是，还存在"肯定反馈"这一特点。那些家庭的孩子听到的语言更积极,更具有鼓励性。意识到了数量和质量的相互作用,哈特与里斯利把他们的书名改成了《意义深远的差距》(*Meaningful Differences*)。

哈特与里斯利的研究回答了另一个问题:说话多的家庭是否会自然而然地使用更丰富的语言。数据表明,语言的数量推动着语言的质量。父母说得越多,词汇量就会越丰富。也就是说,不管父母的社会经济地位如何,如果父母受到多说话的刺激,他们的语言质量也会相应地有所提升。里斯利说:"我们不必要求父母对孩子说不一样的话,我们只需要帮助父母多说话。"而剩下的就不需要父母操心了。

坦普尔大学心理学教授凯西·赫胥-帕塞克(Kathy Hirsh-Pasek)和特拉华大学教育学教授罗伯塔·格林考夫(Roberta Golinkoff)证实了语言质量的重要性。两位教授的研究重点是了解婴幼儿如何学习语言。他们与同事劳伦·亚当斯教授和罗杰·巴克曼教授合作发现,语言质量很重要,原因是语言质量能让孩子接触到更多的各种各样的词汇。赫胥-帕塞克教授称它是早期语言学习沟通基础中的关键因素。被赫胥-帕塞克教授比作"对话二重奏"的沟通基础具有三个重要特征,这些特征与母亲和子女的共享互动有关,但与孩子家庭的社会经济地位没有关系。

- **符号参与的共同注意力**:母亲和孩子在分享某一活动时使用有意义的词汇和手势。
- **沟通的流畅性与关联性**:连通母亲与孩子的互动流程。
- **日常惯例与固定活动**:例如玩"我先你后"的游戏,或者进行做饭或就寝等日常活动。

赫胥-帕塞克教授说这些沟通要素共同构成了语言学习的最佳环境。她还强调说，该领域其他人的研究成果让她的工作有了提升。

数量与质量的紧密联系以及闲谈的重要性

在哈特与里斯利的《意义深远的差距》一书中，除了讨论词汇的数量以外，词汇的功能也获得了肯定。哈特与里斯利按功能将它们标注为"事务型谈话"和"其他谈话"。事务型谈话"实现了生活中要做的事情"并向前推动生活，而其他谈话则是自发的"闲谈"，属于锦上添花。

事务型谈话如：

"下去吧。"
"把鞋子穿上。"
"把晚餐吃完。"

其他谈话如：

"这棵树真大！"
"冰淇淋真好吃。"
"妈妈的小男子汉是谁呀？"

哈特与里斯利帮助"其他谈话"（自发的闲谈）获得了应得的关注。在那时候，除了像哈佛教授凯瑟琳·斯诺（Catherine Snow）那样有先见之明的社会科学家，没有人仔细思考过母亲对她正在吃苹果的两岁孩子的唠叨，或者换尿布时母亲走音的歌声："妈妈的臭宝贝是谁呀？"

但是，哈特与里斯利却发现了孩子早期语言环境的显著性差异。各个社会经济阶层的所有孩子必须完成生活中要做的事情，也就是必须"坐下""去睡觉""吃晚饭"。但并不是所有的孩子都经历过自然发生的打趣，而这种有趣的你来我往对孩子的发展具有非常丰富的影响。

这个问题的其他方面也慢慢变得明显。虽然由各个社会经济群体发起的所有类型的谈话在数量上都相对均等，但对于谈话的延续性，也就是语言的反复，其中的社会经济差异也很明显。社会经济地位高的家庭倾向于在他们发起的谈话中持续进行反复的语言互动。而社会经济地位低的家庭从开始讲话到结束的时间很短：一方说话，一方给出反应，除此之外再没别的内容了。这种差距非常重要，因为大脑进行丰富发育的必需营养素包含在"其他谈话"中。哈特与里斯利将这种母亲与孩子间的语言互动称作"社交舞蹈"。互动中的每一个步子、每一个反应都增加了语言的复杂性，而这种复杂性又会进一步加强孩子的智力发育。

对于我来说，最关键的差距是对肯定语（"做得好！"）和禁忌语（"住手"）的使用。

社会经济地位高的家庭会训斥孩子，但频率远远低于社会经济地位低的群体。贫困家庭的孩子每小时听到的负面语言是脑力劳动者家庭孩子的两倍多。这种差距会因孩子听到的词汇总量的不同而变得更大。原因是在社会经济地位低的家庭中，孩子听到的词汇总量要少得多，禁忌词和负面词汇与积极和肯定词汇的比例也较高。

哈特与里斯利的研究发现，相对于社会经济地位高的家庭的孩子，社会经济地位低的家庭的孩子更不容易听到"你是对的""很好""你真聪明"等口头鼓励。而脑力劳动者家庭的孩子每小时会听到 30 个肯定词,是工人阶级家庭的孩子的两倍,接受福利救济家庭的孩子的五倍,如表 2-1 所示。

表 2-1 "你真棒/你是对的!"VS."你真差劲/你错了!"(一年内)

	肯定词	禁忌词
脑力劳动者家庭的孩子听到的词汇量	166 000	26 000
工人阶级家庭的孩子听到的词汇量	62 000	36 000
接受福利救济家庭的孩子听到的词汇量	26 000	57 000

注意,对于脑力劳动者家庭的孩子和接受福利救济的孩子,他们受到的称赞与批评的比例是相反的。哈特与里斯利对孩子们四岁时的情况进行了推测,如表 2-2 所示。

表 2-2 "你真棒/你是对的!"VS."你真差劲/你错了!"(四岁时)

	肯定词	禁忌词
脑力劳动者家庭的孩子听到的词汇量	664 000	104 000
接受福利救济家庭的孩子听到的词汇量	104 000	228 000

为了更好地进行理解,你可以想象自己受到了两种不同类型话语的影响。当你不断地听到"你错了""你真差劲""你永远都成不了事"这样的话时,是一种什么样的感觉呢?不管你的父母实际上有多么爱你,都很难克服这种童年阴影。

信念差距和成就

对于芝加哥大学特许学校的首席执行官肖恩·埃文斯(Shayne Evans)来说,"信念差距"是贫困孩子缺乏成就的一个关键因素,也是不足之处，这不断得到证实。如果有人不断地告诉你"你一文不值"，尤其是对你说这种话的人是你相信的人，你会相信自己真的一文不值吗？肖恩·埃文斯认为孩子们不仅仅会从父母那里听到这种话，学校、老师和社会也会对他们说出同样的话。

肖恩·埃文斯的目标是为这些学生建立"一种新常态"。在一个人人都强调大学学历的环境中，无论社会经济地位、家庭状况或其他传统限制因素如何，埃文斯都坚称："作为教育者，我们的工作是帮助那些学生克服所有的障碍。"

3000万词汇包含重复语

虽然社会经济地位较高的家庭和接受福利救济的家庭之间存在巨大的差距，但是重要的是要认识到哈特与里斯利的研究说明的问题：从社会经济地位最高的家庭开始至中产家庭、低收入家庭，差距逐渐变大，到接受福利救济的家庭时这种差距达到最大。虽然脑力劳动者家庭和中等收入家庭之间的差距并没有3000万词汇量那么大，但2000万词汇量的差距还是存在的。

还需强调的是，虽然我们一直在谈论3000万词汇量，但我们谈论的并不是3000万个不同的词汇，而是说话的总量，包括那些重复的话语。鉴于《韦氏新国际英语词典（第3版）》(*Webster's Third New International Dictionary*) 中只有348 000条词条，而最新的《牛津英语词典》(*Oxford English Dictionary*) 也仅收录了291 000条词条，"3000万词汇量"将是一个非凡的壮举。

哈特与里斯利是容易被人们忽视的先驱者。然而，他们是两位最早研究早期语言环境对儿童发展的影响与富裕和贫困家庭的孩子之间巨大差距的人。最终，哈特与里斯利完成了他们最初的目标：指出从出生开始需要进行哪些干预来帮助危险儿童变得沉稳且有所作为，以发挥他们的潜能并改变他们的生命历程。

大脑和语言处理速度

为什么"刺柏花园儿童项目"中的孩子没有在学业上得到提升呢？斯坦福教授安妮·弗纳尔德（Anne Fernald）在语言处理研究中就此给出了深层次的原因。她解释说3000万词汇量的鸿沟实际上与大脑及大脑发育有关。

当哈特与里斯利向"刺柏花园儿童项目"中的孩子灌输词汇时，他们似乎找到了一种改善不良学业预测的方法。起初，项目看起来前途美好，但最终，项目中的孩子与进入学校的其他危险儿童并无差别。哈特与里斯利一开始不了解，直到完成研究后他们也不明白，虽然孩子们只有四五岁，但是已经受到了早期不良的语言环境的负面影响。尽管可以将词汇输入孩子们的大脑，但是那些词汇却不能提高他们的学习能力。因为早期的不良语言环境已经对他们大脑的语言处理速度产生了影响。

弗纳尔德教授所说的大脑语言处理速度指的是人们"学到"一个已知词汇的速度，也就是你熟悉并弄懂这个词汇的速度。例如，我向你展示一张鸟的图片和一张狗的图片，然后让你看鸟的图片，你会花多久时间反应过来并看向鸟的图片而不是狗的图片呢？

这个过程对学习来说至关重要。事实上，这个过程具有双面作用。如果你硬要拼命认出一个你知道的词汇，你就会错过它后面的词汇，从而导致学习变得极度困难。

最好的例子就是外语交谈。安妮·弗纳尔德举了一个美国学生的例子。这名美国学生在法语考试中得满分，之后她去了法国。当她和刚认识的法国巴黎人进行交谈时，整个对话的过程很自然，并不是她所熟悉的和法语教授之间的对话。她发现她必须"抓住"每个半生不熟的词汇并弄懂它们，但当她弄懂以后，对话却已经进行到下一个阶段了。安妮·弗纳尔德教授说这是证明"慢处理的代价"的最好例子。如果你硬要专注于某个词汇的含义，那么你也将错过它后面的内容。

虽然在讲外语时存在困难，也发生了许多趣事，但是幼儿没有学习能力却是一件严肃的事情。安妮·弗纳尔德在实验室对蹒跚学步的儿童进行研究时发现，如果稍不注意错过了句子中某个熟悉的词汇，孩子们就会难以弄清下一个词汇的意思。她说："仅仅几百毫秒的优势就为你赢得了学习的机会。"而那些没有这种优势的人所承受的损失是不可估量且永久的。

安妮·弗纳尔德也发现了哈特与里斯利曾发现的社会经济关系。在她的研究中，社会经济地位低的家庭的两岁幼儿与社会经济地位高的家庭中的同龄孩子在词汇量和语言处理技能上存在着整整六个月的差距。

弗纳尔德教授还证实，虽然数据表现出了明显的社会经济差距，但是这些差距并不是研究结果中最突出的部分。她在研究社会经济地位低的家庭的孩子时发现，父母说话的多少也存在很大的变化：从每天 670 个词汇到 12 000 个词汇不等。研究还发现，不考虑社会经济地位时，孩子早期所处的语言环境和语言处理速度之间存在重要联系。两岁时，听到很少谈话的孩子的词汇量较少，语言处理速度也较慢。而那些听到很多谈话的孩子则拥有较多的词汇量和较快的语言处理速度。这种情况适用于各个社会经济阶层。

归根结底，一切都取决于大脑被词汇滋养的情况如何。

3

第三章

神经可塑性：早期语言环境的决定性影响

> 生物学给予了你一个大脑，而生活将其转化成了思维。
> ——杰弗里·尤金尼德斯（Jeffrey Eugenides）
> 《中性》(*Middlesex*)

在四岁的时候，我们生理大脑的很大一部分就已经完成生长发育了。尽管我们在孩提时代的学习非常轻松，但是根据在最初的几年中所发生的事情，我们的一生已经因预言背负重担。为什么会有这样痛苦的真谛呢？因为每次孩子都没有发言权，"嘿，你又犯错了！""多跟我说说话！""请好好跟我说话。"尽管一个孩子在刚出生的三年中非常饥饿，却没有得到足够多的食物，他可能会侥幸存活，但是绝不能长到他应有的身高。尽管一个非常渴望语言的孩子能够侥幸存活，但是在学习方面会有很大的困难，并且也绝不可能达到他应有的智力水平。

科学已经证明上述内容。安妮·弗纳尔德精心的研究表明那些早期语言环境中比较贫乏的孩子对语言的处理速度会更慢，而且效率也更低。通过让学前儿童参与他们的研究项目，哈特和里斯利发现通过强化词汇介入，这些儿童在学习能力上并没有表现出差异性。他们的介入非常有效，但是如果早期语言环境不太理想，从而对大脑造成了一定的影响，那么是无法改善的。

要想知道为什么，我们就必须清楚大脑，这个我们最独特的器官是如何发育的？早期语言环境会如何塑造一个人？

儿童大脑的后天发育

大脑和人体其他器官相比，是那么的与众不同。一个人即使是出生后，他的大脑都还处在不断的发育中。

心脏、肾脏，以及肺的功能在人出生之日以及整个一生都是不变的，但是大脑几乎完全依赖于它所遇到的事情，直至发育完全都是如此。新生儿大脑就是正在快速、错综复杂生长发育的智慧核心。

出生后几年的短时间内，将形成一个非常强大或是惊人羸弱，或是介于两者之间的脑回路，它会影响一个人一生的学习与成就。那么决定性的关键因素是什么呢？遗传基因、早期经历，以及它们相互之间的终生影响。的确是这样，不过有好也有坏。

哈佛大学儿童发展中心主任杰克·宋可夫（Jack Shonkoff）博士把儿童大脑的发育比作构建房屋。杰克·宋可夫博士说："'基因'为大脑的发育提供的基本的规划，正如建筑师为构建房屋提供的施工蓝图。基因规划为神经细胞的相互连接提供了基本的规则，为大脑建造'提供'了初始构建规划。"这最终决定了我们每个人大脑发育的独一无二性。

比如，在经济学方面，我绝对没有诺贝尔奖得主詹姆斯·赫克曼那样聪明，不管我早期的经历怎么样，一个人到达不同潜力的高度与脑半球的潜力大小是有关系的，然而决定我们各个脑半球潜力的是基因潜能性。

杰克·宋可夫说在建造房屋时，即使是最强大的蓝图也无法弥补不合格的材料，即使有熟练的建筑师或帮手也难以达到预想效果，房屋也绝不可能成为其预期的样子。这个比喻也适用于儿童大脑发育。所有的宝宝有个共同点就是在任何事情上都会完全地依赖于他人。传统意义上，牛奶被视为营养所需，能够满足生存与成长所需。我们直到现在才明白，除了身体成长所需食物之外，我们也同样需要最佳的社会营养才能有效保证智力发育。这两种需求都绝对地依赖于照顾者。

社会营养的重要部分，即稳定性，已被视为大脑获得最佳发育的必需品。发育中的大脑对环境中的所有刺激因素都有着高度的敏感性。相关研究表明,在婴儿时期,一个充满了持续高强度压力的"有毒的"环境,会让宝宝产生内在紧张源。这些紧张源代表着宝宝大脑发育最初的遗传因素,需要大脑集中注意力,向学习方面转移。当然,有些压力是所有人生命历程中的一部分,如宝宝断奶或是宝宝睡觉前哭闹不停。但是,当压力水平持续攀升,居高不下时,"压力荷尔蒙",比如皮质醇就会渗透婴儿或是儿童的大脑,最终因压力使大脑构造发生永久性的改变,这将导致孩子的长期行为问题、健康问题以及学习困难。

因此,如果一个孩子生长在没有慢性压力的环境中,他能以更具建设性、更积极的方式处理生活中的坎坷和挫折。

在大脑发育过程中,最重要的因素在于宝宝跟父母之间的关系,其中包括语言环境。简短的"爸爸爱他的心肝宝贝"这样的话语片段,对于一个刚刚开始集中注意力的孩子来说真的很重要吗?是的,真的非常非常重要。在孩子咿呀学语的每个细小步骤中,"呜呜""呀呀""妈妈爱你哦"以及"好美味的馅饼啊"这样的话语连接着大脑数十亿的神经元,产生复杂的神经元回路,从而使孩子的智力潜能达到高潮。当这种情况达到最佳状态时,加上咿咿呀呀的细语、嘻嘻哈哈的笑声以及理想的温和平静的家庭氛围,大脑将发育得完美至极。然而,这些最佳条件缺失了,孩子早期语言环境将非常糟糕,大脑发育会遭受非常不利的影响。

父母对宝宝无微不至地照顾这个前提下,词汇数量也是非常重要的。尽管有很多话语,但是它们对大脑的积极影响依赖于响应能力和温和度。

静面实验（面无表情实验）

对于视力发育，环境中的催化剂很容易理解：白天的光。对于大脑发育，环境所产生的细微差别则更多，也更为复杂。比如，一位妈妈对她的宝宝所回应的目光，爸爸从妈妈手中接过孩子，父母将杯子递给孩子的时候会说"果汁"，或是跟孩子玩躲猫猫时，孩子开心至极并发出咯咯的笑声。是的，孩子一生的学习、行为以及健康状况都建立在这种与父母积极的、相互回应的、礼尚往来的基础之上。从本质上来说，大脑发育的核心在于宝宝与一位有爱心，能做出积极回应的成年人之间的互动。

马萨诸塞大学著名心理学教授爱德华·特罗尼克（Edward Tronick）曾在网络视频上完成了一个让人难忘的"静面实验"（面无表情实验）。这是个关于宝宝社交需求的例子，让人感触颇深。

视频中，一位年轻的妈妈将她的宝宝扣在了一个很高的椅子上，然后跟宝宝一起嬉戏。然后妈妈突然背对孩子，当她再次转过来时，面部一下子犹如一张白纸，毫无表情。宝宝满脸茫然地盯着她，紧接着宝宝的面容如阳光般灿烂，他手舞足蹈，伸手蹬腿，尝试用各种方法引起妈妈的回应。当宝宝意识到这纯属徒劳时，便耷拉着小脑袋开始号啕大哭。这一幕真的让人难以置信。

接着，我们看到妈妈开始焦虑，束手无策。最后，她苍白的面部又恢复到了之前慈爱温柔的妈妈的模样，宝宝也马上就又高兴起来了。

现实生活中，慈爱温柔的妈妈很少玩这样的游戏，但是对于很多宝宝来说就是这样的道理，因为这不仅仅是游戏，更是他们的生活。

长期生活在"面无表情"或更糟糕、充满愤怒或是怀揣敌意的环境中，这肯定是无法在短短的几秒钟时间内就能用一个拥抱弥补的。正如之前提到的压力荷尔蒙一样，皮质醇开始浸入宝宝的大脑，这对宝宝大脑的核心区域极为不利，它将直接影响宝宝的认知能力、语言能力、行为能力、自我及情感控制能力、社交能力以及身体健康状况。这样的消极影响是不可逆的。

这再次证明了儿童的基因或潜力蓝图、与生俱来的天赋，实际上并非是一成不变的。这就是真相。在表观遗传学中基因受到环境影响的改变，向我们展示了尽管发育对本性没有促进作用，但是具有破坏作用。已经证明"有毒"的早期语言环境，包括高压环境能深层次对基因造成不利改变，从而永久性地影响大脑发育。有必要强调一下我们正在讨论的是恒定不变、长期性的、永无休止的压力，而非偶尔的不如意，如疲惫不堪的妈妈或是爸爸对孩子的喋喋不休："宝贝，现在都凌晨两点了，求求你赶紧睡觉吧，我都已经困得不行啦！"

父母应尽量增强儿童脑回路构建

我们每个人与生俱来就有一千亿条神经元潜能，能转化成诸多不同的潜力。但是，如果没有关键性的类神经连接，那一千亿条神经元也就毫无意义，就像没有连接线的独立电话亭一样。相反，如果这些神经元能达到最佳状态的连接，那么它们连接其他神经元的高速信号就会使得大脑发挥其魔力。我们每个人从呱呱坠地到三岁时，大脑每

第三章　神经可塑性：早期语言环境的决定性影响

一秒都会产生 700~1000 条额外的类神经连接。让我重复那个数字：宝宝一出生，每一秒都会产生 700~1000 条额外的类神经连接，其带来的影响让人难以置信，错综复杂的大脑回路便是大脑的构造，从而影响我们所有的大脑功能，包括记忆力、情感、动手能力，当然还有我们的语言能力。

但是，事实证明在最初的三年中，类神经连接的爆炸性丰富程度是非常大的。如果继续保留这样的爆炸性丰富度，那么大脑将混乱地超负荷运载着刺激因素以及刺耳的噪声。所以，通过一个叫作突触削减的过程，我们非常聪慧而稚嫩的大脑便开始削除那些不必要的类神经连接，淘汰那些较弱或是不常使用的，将那些常用的类神经连接微调为具有特殊专门功能的区域。

在这期间，当重要的类神经连接得到创造和巩固时，技能构建以及语言学习的潜力会变得尤为惊人。大脑将不会再有相同程度的神经可塑性，也就是应对不同环境的惊人的灵活性。但是，当机会减少，大脑开始删除那些不用或是很少使用的类神经连接时，适应性的潜在领域会在很大范围内缩减，从而做出新的付出与努力，比如，当你变老时，学习一门新的语言会日渐感到力不从心。不过杰克·宋可夫（Jack Shonkoff）博士也说："这是一个充满机遇与弱势的双重时机。"

阿卜杜拉

阿卜杜拉，是当地一所社区大学里的一名 20 岁的耳聋学生。他来找我咨询过耳蜗植入的事情。我们七个人，我、阿卜杜拉、他巴勒斯坦籍的移民父母、弟弟穆罕默德、两名翻译（一名手语翻译，一名

51

阿拉伯语翻译）一起密密麻麻地坐在诊断室。穆罕默德，是诊室内唯一一名不用翻译的人，他能巧妙避免干扰，在英语和阿拉伯语之间自由切换，毫不吃力地比画着手语。穆罕默德仅仅九岁，有着一双大大的棕色眼睛、一脸婴儿肥，以及充分的自信，毫无疑问，他的自信源于他父母以及哥哥内心的鼓励。穆罕默德能说一口流利的阿拉伯语和英语，而且还非常熟悉手语，是最优神经可塑性的一个典范。他跟他的家人来诊断室，是因为阿卜杜拉最近决定植入人工耳蜗。

"合乎实际的期望"，我们在人工耳蜗植入方面所讨论的成功的可能性，是我诊治像阿卜杜拉那样年龄较大的患者的必要部分。这依据神经可塑性的程度、大脑形成新的学习方面的类神经连接的能力或其中的欠缺。对于阿卜杜拉，由于其年龄问题，他有可能再也说不了话，或是理解口头语言，或是正常做事，还可能听不见。可能手语将会继续成为他的交流方式。他"合乎实际的期望"很可能是听到头顶的飞机、门铃、洗手间冲水的声音和雨滴敲打窗户的声音。但是，要听见这些声音并明白它们的意思是两件非常困难的事情。他的大脑，我必须向这个充满期望的家庭解释清楚，已经过了关键语言期。

他的父母非常耐心地听我说，阿卜杜拉和他的弟弟也是如此。最后，他的母亲通过阿拉伯语翻译说："医生，我非常希望你能帮帮我的儿子"。由于被纱丽遮盖着，我只能看到她的两只眼珠，但是我能从中看出她的渴望远远超过语言所能表达的程度。我的解释、我对"合乎实际的期望"的描述都无法比拟她内心的渴望。如果她的第一个孩子有了听觉能力，难道他还不能自动理解自己所听到的内容吗？或是能开口说话？这次我跟她说，她是一名独一无二的母亲。我解释道，这就像我为了学阿拉伯语去巴勒斯坦一样。尽管我可以听到我周围的人说这种语言,但我并不明白他们到底在说什么,"听到"和"听懂"是两码事。我接着说:"穆罕默德,你得过来给我们翻译一下。"她看着穆罕默德,会心一笑。现在她终于明白"听得到"不等于"听得懂"了。

阿卜杜拉,一个可爱的年轻人,非常聪明,比起我那些小患儿,他有一个很幸福的家庭作为他坚强的后盾。遗憾的是,他失去了神经可塑性,也就是说,他失去了他们现在本应具有的听觉潜力。

时机决定一切。

大脑发育的关键时期

视觉系统是人类的最佳学习领域之一。

当我们看到某些事物,包括形态、颜色、细节以及深度时,我们所觉察的形象是大脑对我们双眼视网膜所捕获形象的再造。并且,正如大脑功能一样,视力也是一项出生后才能完全发育的能力。在一生的最初几个月内,宝宝只能看到8～10英寸⊖距离范围内的事物,并且只能勉强协调他们的双眼。但是,几个月后,他们的协调能力会惊人般地得到提升,并且在接下来的两年内,深度、色觉,以及对世界的视觉赏析能力都会得到开发。

但是,跟语言一样,视敏度对环境也有依赖性。简言之,为了看清事物,宝宝需要有能够看的东西。

那么,当没有视觉环境,比如宝宝出生时的视觉系统"关键时期"

⊖ 1英寸 = 2.54厘米。

双眼就被乳白色的薄膜所覆盖，会发生什么呢？确切来说，大脑的其他功能会有什么变化：大脑进入其"用进废退"模式，并开始修剪过程，淘汰掉那些未使用或是脆弱的类神经连接，这种情况下，首当其冲的是那些很少被刺激的视觉受体。结果就是宝宝的视力一直都不好，即使最终薄膜被移开了。

在20世纪早期，这种情况非常明显，眼科医生发现，如果对天生就患有白内障的宝宝做手术，可以完全恢复其视力功能，且没有永久性不良后果。但是，他们在对那些超过八岁的孩子做白内障手术时，发现儿童的眼睛看起来会较为正常，不幸的是，他们的视力问题依然会困扰他们终生。与人工耳蜗植入一样的道理，这也是时机的问题。

那么最本质的问题到底是什么呢？托尔斯腾·威塞尔（Torsten Wiesel）和戴维·休伯尔（David Hubel）的解释使我们对大脑可塑性的理解发生了革命性的变化。他们因发现了"大脑中最为严守的秘密之一"，在1981年获得了诺贝尔奖。

20世纪50年代，休伯尔与威塞尔开始对猫和猴子的单体神经元活动进行估量。除了概念化研究，他们还必须创造新的仪器来测量动物对所看到的事物所做出的反应。非常聪明，也具有创造性，他们的新方法中包括将受试猫"用电帽子进行装饰，在一个显示所有类型视觉图像的屏幕前面，尝试着找出能够哄诱单个神经元的刺激物，使其发挥功效"。图像，或正如故事所言，包括了两只踱步曼舞的猫和女性的性感图片。休伯尔写道："当谈到纯粹的快乐时，我们的领域便很难攻破，我们也尝试着保守那个秘密。"

休伯尔和威塞尔一直在视力方面苦心钻研，他们的开创性研究改变了我们对大脑的理解。诺贝尔奖的得主神经学家埃里克·坎德尔

第三章 神经可塑性：早期语言环境的决定性影响

（Eric Kandel）漂亮又简洁地描述了他们的工作的重要性。当一位同行科学家，将休伯尔和威塞尔的工作说成是"有限的生物普遍性"时，坎德尔回应道："你没错……这只能有助于解释大脑的功能运作。"

时机决定一切

正如你在会走路之前，绝不会奔跑，直到你听到且理解了某个词之后才会说出这个词。错失良机，对于一项技能而言，是非常严重的，因为在大脑的发育过程中，基本的能力是获得一项更加复杂的技能的前提，每项技能都犹如修建一幢大楼，必须修建好了一个街区才能更好地修建下一个。换言之，大脑发育以等级的形式出现，具有为更加复杂的技能所依靠的基本能力。因此，为了一项"简单的"技能而错失这扇良机的窗户，具有广泛的含义，因为进行新的学习时，可能会越来越困难。在语言的自然增长方面，这点尤为关键，在最初的三年内，除了有助于构建词汇与交谈技能，语言还为社交、情感以及认知能力的开发奠定了基础。

早期语言环境不足的典型例子是那些天生就失聪的青少年，尽管对于他们的父母而言，他们很可爱，但是他们始终没有使用手语的能力。这些青少年的生活通常表现出非常惊人的差距。

表舅的故事

我妈妈的表弟出生于1948年，先天就严重丧失了听觉能力。我依稀记得自己还是一个孩子的时候，就收到了他冗长的、似乎毫无边际的手写生日贺卡，而我几乎都不会瞥一眼。如果没有随带礼物，那么贺卡对于一个只有九岁的孩子来说，几乎是毫无意义的。最近，当我妈妈在阅读这本书早期的初稿时，她偶然想起了她在大学当老师的舅舅和舅妈，他们一家已经从匹兹堡搬到了圣路易斯，他们这么做就是为了他们的独生子能够上圣路易斯聋哑中心学校，这所学校专注于教授学生"口语"而不是手语。我很快通过中心学校的档案馆找到了他，我突然发现远房表舅竟然有着一双蓝棕色眼睛，这是瓦登伯格氏症的表现。我的病人米歇尔也有着明亮的宝石蓝眼睛。但是跟米歇尔不同的是，我的表舅很幸运，他的家境宽裕，父母宁愿为了他的教育举家到异地生活。凑巧的是，40年后，我在他曾经就读的这所沿街学校实施了人生中第一台人工耳蜗植入手术。

他究竟发生了什么事？他过着怎么样的生活？

尽管我妈妈也不太清楚她表弟之后的状况，但我可以想象得到他生活的不易。妈妈不知道他的文化水平如何，直到几年前他们才开始通信。如果他如普通的双耳失聪的儿童在人工耳蜗植入手术出现之前就能听见父母的声音，那么不管父母有多大的优势，他现在都应该有四年级的知识水平。尽管这在那个年代非常典型，但是这并不能反映出出生时的潜力。恰恰相反，他的潜力很有可能没有得到开发，因为他根本就听不见。从纯粹意义上来讲，他跟他的同伴一样，都是3000万词汇量差距的受害者。

我表舅的经历说明这无关家庭的社会经济地位，也无关父母的意愿。相反，这关乎一个人成长中最重要的因素——父母的语言。如果是这样的话，我妈妈的表弟的人生道路本应是平坦的康庄大道。有必要强调的是表舅的生活的确受到了严重影响，因为他缺少"词汇"的滋养。如果一个小孩子的一生缺乏词汇，不管他听力是否受损，将来他的口头表达能力或手语能力，都会受到永久性的不利影响。人工耳蜗植入为世界上所有像扎克那样的听力障碍者带来了声音和开发潜力的可能性，并且社会也是一个主要的捐助者。考虑到特殊教育、低就业，以及失业的成本，失聪是最昂贵的残疾之一。人工耳蜗植入可以避免那样的成本，但是正如我们从米歇尔的故事中所得知的，如果一把钥匙不用来开启一扇门，那么它的意义是不大的。

听、读与学习能力

学习阅读，对于那些听力正常的人而言，似乎是一个相对简单的循序渐进的字母学习过程。要学习发音、单词的组合以及单词的意思。而对于那些失聪的人而言，阅读是极大的挑战。"挑战"只是一个委婉的说法，事实上，它是一项极为艰巨的任务。

试想，如果你只能阅读英文，而你必须学习那些自己压根儿就不懂的词语，而且还是用汉字写的，那么会是怎样的一种窘境？同样，要求失聪的儿童辨认书页上面的字母，将字母整合为单词，并且在从未听过的情况下，理解单词的意思。例如 cat（"猫"）这一单词，非常简单，是吧？你知道 c 发 k 的音，a 发 a 的音，t 发 t 的音，那么你立刻就能将那些整合起来的声音等价于一只毛茸茸的发出"喵"声的小动物。

但是，如果你从未听过字母 c、a、t，不管是单个的字母还是整合在一起的发音，会怎么样？那些象征性的符号，对你来说，意味着什么？即使你生活在一个"cat"（猫）这一单词被世人皆知的国度，即使你能比画出"cat"这一小动物，那么当你看见c-a-t也无济于事。这就是失聪儿童学习阅读的过程中，必须经历的荆棘之路。我们知道手语并没有太大帮助，因为手语只能通过动作指明意思，并不像英文那样用拼写表达意思。事实上，手语与英语是两门完全不同的语言，二者之间绝对没有任何联系。结果，当年幼的失聪儿童学习阅读时，他们会立刻处于将手语转化成英语的模式，而事实上他们却未真正听过英语或知道其发音。简单的陈述对他们来说比登天还难。

我曾听说儿童在学校学习阅读的最终目的在于通过阅读来学习。三年级是关键性的一学年，儿童会在这一年中将书页上简单的字母如连珠炮一般脱口而出，从而形成自己的观点，并从这些单词中积累知识。这是智力思维加工过程的开始，但这仅仅是针对那些能够有效阅读的人而言。对于那些不能进行有效阅读的人而言，三年级也非常重要，因为据资料记载，在这一年中，知识积累与智力成长会出现明显的下滑。

心理学家吉斯·斯坦诺维奇（Keith Stanovich）将这叫作"马太效应"，因为它是根据《马太福音》中"凡有的，还要加给他，叫他有余。凡没有的，连他所有的，也要夺去"而命名的。换言之，享受充分教育的人会变得更加富裕，而教育匮乏的人则会更加穷困潦倒。三年级的阅读也是非常具有影响力的，事实上，这也预言了高中毕业的学业状况。这一点对失聪的孩子同样重要。一个失聪儿童从高中或是大学毕业的可能性很明显低于一个没有听力障碍的儿童，当然这对就业的影响也是无可否认的。从历史的角度看，失聪人士的低就业是极为常见的，这让人感到极为遗憾，而那些能够找到工作的失聪人士的收入也比那些没有听力障碍的人士少 30%～45%。当你读到这些统计数据时，有必要记得我们并不是在讨论智力潜能的差距，而是在叙述我们绝不可能清楚一个人到底有多大的潜力。

儿童才是语言老师

在最佳语言环境中，会出现完全不同的结果。在大脑发育的其他方面，语言习得遵循的是技能—习得—技能的途径。每一次学习获得的能力都为下一个环节奠定了基础。一切都发生得如此自然，让我们认为那是理所当然的。但事实上，从婴儿开始听到一连串连续但不知所云的语音：

"妈妈的小宝贝是谁呀？"
每个单词分开来听就是：
"妈妈的 / 小宝贝 / 是谁呀？"

然后再对各个部分进行理解：

"妈妈的"
"小宝贝"
"是谁"
……

到婴儿开始能够自己发出这些语音，并最终能够回答这个问题，一直是人类发展令人感到惊讶和深不可测的地方。当一个孩子出生在某种语言环境中，不管是坦桑尼亚的农村还是大城市纽约曼哈顿，其发展途径基本上是一样的。语言的输入、数量和质量都是大脑发育的主要促进因素。

"Who's Mommy's sweetie pie?"（英语）

"Kas yra mamytė savo saldainiukas?"（立陶宛语）

"Aki a mama a kicsim?"（匈牙利语）

"Thì pěn fæn k̄hxng mæ̀?"（泰语发音）

"Ambaye ni mama ya sweetie?"（斯瓦希里语）

想象一下当你听到一句用你不懂的语言说出的句子时你会有什么反应？是不是不知所云呢？因此，当小婴儿听到一大串完全陌生的语音时，他们又是如何将那些语音转化为语音片段、音素并最终将这些无意义的音段翻译成传达意思的话语呢？这是一个非常不可思议的过程，而神经科学也是最近才开始试图对这一过程进行解释的。

帕特丽夏·库尔（Patricia Kuhl）教授是了解婴儿如何破译语言代码的先驱。我第一次了解到库尔教授的创新研究，是在和苏珊·戈尔丁-梅多（Susan Goldin-Meadow）一起学习幼儿语言发展简介的课程时。通过利用尽可能简易的方法监测婴儿吸吮奶嘴的速率，库尔教授发现了婴儿学习语言的步骤。此外，被库尔教授称为"来自火星的电吹风"的新型精密工具，脑磁图（MEG），为其提供了婴儿大脑运动的即时影像。库尔教授将这一操作称为"后台窥视"。据库尔教授称，她在研究中发现婴儿实际上是"计算天才"。

我们都曾是计算天才

在我们理解或者说出某个词汇之前，我们的大脑不得不进行"句法分析"，即拆分音素后再将它们拼接在一起并创造出词汇。这是早期大脑学习本地语言过程中的重要组成部分。而某些迹象表明，这一过程可能当婴儿还在子宫内时就开始了。凭借如功夫高手般出色的敏捷性，婴儿的大脑熟练地对接收到的一连串语音进行分割，直到将那些语音转变为具有意义的词汇，以融入他们所在的语言情境中。

有趣的是，即便是成年人也比不上新生儿的天赋。为了和华裔妻子交流而学习汉语普通话的 Facebook 创始人马克·扎克伯格（Mark Zuckerberg）与中国领导人进行了一次半小时的会面。他们对这位出色的互联网企业家中文水平的最终评价是"说话时像嘴里含着弹球的七岁小孩"。他将"Facebook 一共拥有 10 亿位用户"说成了"Facebook 一共拥有 11 位用户"。

的确，成年人尝试学习一种语言的能力比不上婴儿。婴儿的大脑影像显示，在婴儿开口说第一个词语之前，他们就已经在心理上进行了反应练习，试图弄懂如何做出必要的动作，以便用他们自己的语言清楚发音。

为什么年纪越大越难学习新语言

在神经可塑的鼎盛时期，婴儿的大脑能够区分每一种语言的语音，包括德语的元音变音、汉语拼音、声门音和马赛族（Masai）语的轻微内爆音，也为学习该类语音的所属语言，甚至是不同语音的语言做好了准备。正如库尔教授所说，婴儿是真正的"世界公民"。但是，这一项技能并不是永远具备的。和大脑最终会剪切掉没有使用或没有充分使用的突触的情况相似，听和说出任何语言的无限潜能很早就被修剪掉了，只留给我们使用母语的显著能力，而屏蔽了运用那些我们不使用的语音的能力。

幼儿很早就表现出了对母语语音的忠诚性，这种现象通常发生在一岁结束之前。大脑在妊娠晚期就已经准备好学习母语，但它是如何知道哪些神经连接是永久性的呢？这靠的是统计才能。发育中的婴儿大脑完全不关心词汇意义，而是首先量化其一开始听到的特定语音模式，并计算频率。大脑保留了占主导地位的语音，并将那些语音变成单个词汇，最终那些单个词汇就逐渐变成了母语语言。

从某种意义上来说，这是通过婴儿大脑"收集"重复语音并将它们标记为重要"母型"语音来实现的。按照帕特丽夏·库尔教授的话说，这些母型语音随后会像磁铁一样开始吸引类似的语音（甚至是有轻微变化的类似语音）。这一过程帮助我们对以后将要使用的语言慢慢变得熟悉。说亚洲语言的人很难分清"r"音和"l"音，相反，说欧洲语言的人则无法复制亚洲人的语调。这是大脑的另一个才能。在意识到语言的必要性后，虽然有一定的局限性，但是大脑会把注意力集中在相关的语言要素上，而摒弃无关内容。毕竟，为什么要浪费珍贵的脑力处理过程在无意义的变化上呢？那些变化在你必须要熟练运用的语言中并不重要？

帕特丽夏·库尔教授早期在日本对婴儿进行研究的经历对以上内容是一个很好的证明。在七个月大的时候，婴儿还属于"世界公民"，他们可以毫不费力地区分出英语中的"r"音和"l"音，但三个月后，这项能力就会消失。库尔教授利用不同语音对美国婴儿进行了研究，美国婴儿也出现了同样的情况。在以上两个案例中，意识到了神经可塑性的快速降低，大脑会"致力于"其所需语言的语音，并拒绝将神经细胞消耗在不需要的语言上。

像孩子一样说话没什么不好

妈妈们常常自夸说："我从来不像小孩子一样对我的孩子说话。"这句话好像是妈妈们初次育儿时通用的荣誉象征，就好像幼儿的咿呀学语声真的很糟糕一样。但事实上，孩子们的咿呀学语声并不糟糕。科学表明，婴儿们几乎与生俱来的拖音式说话方式（比如"妈~妈~喜~欢~她的~小~宝~贝"提高了声调并做了轻微改变，将其变成一句如唱歌般声调起伏的语言）是一种帮助婴儿大脑提取语音，并投入到其将要使用的语言中的方式。虽然这可能听起来像是一种母爱的表达，但实际上"咿呀学语声"能帮助婴儿那如统计学家一般的大脑更轻易抓住那些明显不同的语音，与成人主导的谈话相比，每个语音在听觉上都被"夸大"了，这也让婴儿们更容易进行理解和学习。

看电视能刺激语言发育吗

如果婴儿们是计算奇才的话，那么我们为什么不干脆把他们放在电视机前就不管了呢？那样我们就可以接着读我们未读完的书，或者回复邮件了。

人类大脑是聪明的，但不幸的是，对于越来越多的待回复邮件来说，大脑只是一个社交工具。互动的消失可能会严重限制大脑学习和储存知识的能力。和能够保存任何东西的水罐不同，大脑的表现更像是一个没有人际互动的筛子。语言究竟是什么呢？如果我们生活在彼此隔绝的世界，我们是不是就不需要语言了？语言和词汇的基础是将人类联系起来。婴儿的大脑是那一段进化过程的结果。大脑不是被动地学习语言，而是只在社会回应和社会互动的环境下学习语言。在婴儿与看护人的关系中，语言上进行你来我往的重要性是语言学习过程中的关键因素。在学习过程中，这一因素无比重要。

帕特丽夏·库尔博士的研究中，我最喜欢的一项研究完美地证明了这一观点。库尔教授的团队将9个月大的美国婴儿放在汉语普通话的环境中，其中一半婴儿听到的是母职人物讲出的充满母爱的汉语普通话，另一半婴儿听到的仍然是充满母爱的汉语普通话，不同的地方在于这些话是通过录音或者视频设备播放出来的。经过12次实验室观察后，听到真人说话的婴儿能够辨别出汉语普通话的语音，而听到录音或视频设备说话的婴儿则没有任何变化。

这个研究提出了一个很有趣的问题。是不是婴儿们只能够从他们能够闻到、触摸到或者感觉到的人那里学到语言呢？或者机器人，比如斯蒂芬·斯皮尔伯格（Steven Spielberg）的人工智能有没有可能代替人类呢？大脑进行最佳发育所必要的人为因素有哪些？这个对于我们每个人和我们所处的世界来说具有最深远影响的神奇器官还存在着很多有待解答的问题。

第三章　神经可塑性：早期语言环境的决定性影响

何时都不晚

就效率和专门性而言，随着大脑可塑性的降低，小孩子吸收新知识就会变得越来越困难，且轻松学习的窗口也开始消失。但如果这种情况不发生又会如何呢？如果这个窗口可以被撬开，而且小孩子具备的超凡学习能力变成了一种终身现象后，又会如何呢？我们可以想象在40岁或50岁时学习一门新语言会变得相对容易很多。我们将这种情况称为大脑的"时间旅行"，这一假设是近年来大脑研究的一部分，它的目的是帮助我们更好地了解大脑。

哈佛大学医学院分子细胞生物学和神经学教授高雄·亨施（Takao Hensch）的研究受到了休伯尔和威塞尔的大脑可塑性研究的启发，并实现了休伯尔和威塞尔的夙愿，即利用分子手段帮助科学家从细胞层面上了解大脑的反应。有了分子手段的帮助，亨施教授揭开了另一个惊人的新发现。新发现与之前的想法相反，大脑实际上并没有失去其可塑性，而是具备了无限重连的能力。但为什么大脑的这一项能力在实际生活中不管用呢？这是因为某种原因未知的进化通过制造"刹车"分子阻止了大脑的不断重连并设定了大脑可塑性的有效期，从而中断了这一项能力的发挥。

亨施教授和他的同事在波士顿儿童医院所进行的重要研究试图反向制动分子刹车，以恢复与大脑早期神经修剪相关的弱视或单眼视力下降患者的视力。虽然这一项研究还在进行中，但早期的结果显示是有希望的。亨施教授对"音盲"的研究显示，当反向制动分子刹车后，"音盲"的耳朵经过重新训练可听到单个音符。但如果缺乏培养，那么早在幼儿期就会失去这一能力。

波士顿儿童医院的神经学家查尔斯·尼尔森（Charles Nelson）教授在《神经发育：解锁大脑》中说："高雄·亨施的研究很有趣。即使你错过了一些关键阶段，你或许仍可以回到那一阶段去恢复一些东西。'在以后进行干预，以弥补失去的时间'的想法非常具有吸引力。"

对于我来说，这个想法不止具有无穷的吸引力，虽然大脑仍是一个吸引人的未知领域，但是强烈的迹象表明它的神秘面纱终有被揭开的一天。到那时，我们将终身具有学习和发育的能力。同时，这些迹象也让我相信人类会更加了解自己，并朝着一个更人性化、更公平的世界进步。

第四章

语言的力量：从思维能力到人生观

> 我就是一个大脑，华生。除此以外我的身体只是一个附件。
> ——阿瑟·柯南道尔（Arthur Conan Doyle），
> 《王冠宝石案》
> (*The Adventure of the Mazarin Stone*)

1930年，布迪·德西尔瓦（Buddy DeSylva）和卢·布朗（Lew Brown）曾在歌词中写道："……自由乃人生之极乐。"

我们可以细想一下。

父母的语言是促进大脑智力优化和稳定性发育的神奇力量。如果说大脑最深邃的奥秘仍有待探寻，而父母语言的力量这一事实则已经被揭露了。这一个事实向我们展示了大脑的智慧。在绝对精彩的进化过程中，大脑利用丰富的自然资源作为自身发育的主要促进因素。这个过程太简单又太具有隐蔽性了，导致你根本没有察觉。看护人的语言无法买卖、存储，也无法在纽约证券交易所上市，但是他们的语言是每个国家、每种文化、每个人的基本资源，甚至扩展到了我们是谁、我们能做什么以及怎么做的方方面面。

他们的语言根本不收一分钱。

神经连接体

神经科学就像是一本引人入胜的悬疑小说，敏锐的侦探们碰巧都是拥有博士学位的科学家。他们会挖出线索并在小说的最后一页向我们披露以这种方式存在的原因。当然，神经科学和福尔摩斯的不同之处在于我们从一开始就知道了始作俑者是大脑。高学历的"侦探们"试图找出大脑的运作原理，因为一旦找到了其运作原理，并知道大脑是如何让我们变成如今的样子，我们就可以帮助大脑让自己成为想要成为的样子。

大脑的重要性很早就已经为世人所公认，但直到最近我们才发现对其运作原理的认识过于简单化，并且很大程度上都是根据推断得出的认识。例如，被诊断为大脑左颞叶中风的患者失去了理解语言的能力，或者小脑有肿瘤的患者不能再打高尔夫球，内科医生将这些能力的丧失归咎于大脑某个特定区域的损坏。而这些都是神经科学中未知的部分。

随后出现了神奇的大脑成像、强大的计算机科学和数学建模，而紧接着，我们对这一神奇器官的肤浅欣赏也立马变成了从细胞层面上对其运作原理的理解，这种理解并不彻底，但足以为我们提供一条找出全部奥秘的道路。

纽约的街道地图和大脑回路非常相似。你可以想象一下曼哈顿纵横交错的街道，人来人往，但仍然井井有条。然后你再想象一下发达大脑的回路和其中的神经细胞以及在身体内传递信息的特化细胞，其中上千亿的神经细胞都是完全互连的。这样的互连回路被称为连接体。而连接体是每个神经元的上万个连接点，它连接着我们每个人的大脑中的上千亿个神经细胞，是决定我们是谁、我们的思考方式和行为的关键。

父母语言与儿童大脑回路

"智力"是一个令人惊奇，但有时又令人生畏的词语。我们所有人都想变得聪明。听到"他真的非常聪明！"或是"那姑娘真有头脑！"之类的话真的会让人感到开心。对于每个人来说，这似乎是自尊心至关重要的一点。这不仅仅与别人认为我们聪明有关，当我们的孩子比别人聪明时，我们也会猜想我们比别人聪明。智力来自何处呢？虽然我们所有人在很多领域都具备智力潜能，但发挥那些潜能又是另一回事了。

正如我们在上一章中所讨论的那样，当父母轻柔地问孩子说："谁是小宝贝呀？""谁是世界上最乖的宝贝呀？"的时候，从传统上来说这种行为是为人父母的和蔼表现，但并不是为人父母时真正重要的一部分。正因为连接体、大脑进化的存在，通过神经元回路和神经元突触，在听到父母用"小宝贝"等类似的爱称呼唤时，我们会体验到存在感，并感到愉悦。

我们是怎么知道的呢？

为了找出大脑复杂的奥秘，从而知晓我们之所以成为我们自己的原因而绘制连接体回路绝对是神经科学的新领域。直到现在，从一开始就困扰着哲学家的问题仍没有答案，因为探究那些问题的唯一方法是通过语言、辩论、假设和推测进行解答。即使到现在，虽然我们能借助新技术来理解那些总是令人费解的问题，但是我们得到的通常也只是新的问题而已。然而，可以明确的是，这样广泛的互连性（与自己的相关性）是"自然遇上培养"。虽然还不完全了解连接体，但是我们知道人生的经历，尤其是从出生到三岁时的经历，可以深深地改变你的连接体，而你也会在那个过程中发生变化。即使是连接体不同的同卵双胞胎，同样会出现这样的情况。

与曼哈顿热闹的街道相似，每一条街道都有其存在的意义，而所有的这些街道共同构成了纽约市这样有活力的复杂大都市。我们大脑里的每一个神经元的连接都有其意义，而复杂的网络，即连接体，总体上决定了我们是谁，同时也是决定我们在科学研究、作诗或者制定篮球制胜策略等方面发挥个人优势的关键因素。神经元连接是从哪里开始的呢？虽然遗传学的作用不容低估，但科学表明，小孩子早期的语言环境，即父母语言环境很大程度上决定了先天潜能的发挥。

"父母语言"的定义具有迷惑性，因为"父母语言"的神奇作用远不止简单的词汇导入。根据父母对孩子说的词汇量和父母对孩子说话的方式，父母语言会影响我们的数学、空间推理和读写能力的发挥，以及我们约束自身行为和应对压力的能力，而且我们的毅力和道德品质也会受到影响。同时，父母语言也是决定特定神经元回路的优势和持久性以及修剪其他神经元回路的必要刺激因素。

我们所有人生来就具备某些优势，也存在某些弱势。即使是最好的语言环境也无法消除那些弱点，也不会在每一次努力过后就将我们推向最高水平。科学告诉我们的是，要发挥出我们的潜力，主要取决于我们出生后三年内大脑发育过程中的经历。简而言之，血统赐予我们的遗传潜力会受到消减和破坏，或者有幸因为我们儿时所经历的父母语言环境而被我们发挥出来。我认为所有的父母都应该知晓这一点。

"我讨厌数学！"

我最大的孩子吉纳维芙在她 11 岁时如是说道。她激烈地反复强调她不喜欢数学。四年后，她长高了九英寸，并变成了一名数学高手。事实上，如果你现在问我的女儿和儿子的主要优势是什么，我会回答你"数学"。虽然我女儿的数学成绩会引人赞叹："哇，女孩子的数学这么棒！"但对于我的儿子来说，这是意料之中的事情。正如我女儿在人文学科、辩论和写作方面的优势也不会令人意外一样。毕竟是女孩子嘛。

我要坦白的是，早期我和我丈夫也屈服于这种偏见。当我的孩子们还很小的时候，我们曾开玩笑说女儿生来就会辩论，而儿子生来就会数学。那个时候，将父母语言视为提升孩子数学能力的因素似乎有点夸张了。

我们承认错误。我们要向吉纳维芙道歉！

发现犯错后我们所采取的一些措施可能很好地改变了女儿并挽救了她糟糕的数学成绩。而美国发现犯错以后想要纠正这个问题，则可能会改变许多男孩和女孩接受到的学校教育。

美国承认其在数学教育方面较落后，也需要解决这个问题。数学教育的停滞通常也伴随着理科、技术和工科教育的落后，而随着美国相对于其他发达国家和中国出现的衰退趋势，数学教育的停滞状况变得越来越明显。这不仅仅是孩子们和教育的问题，它也关系到美国未来的生产力和竞争力。

伊丽莎白·格林（Elizabeth Green）在《纽约时报》上发表的《为什么美国人不擅长数学？》（*Why Do Americans Stink at Math*）一文很有趣，但也不是那么有趣。在那篇文章中，她讲述了 20 世纪 80 年代时，艾德熊连锁餐厅（A&W ⊖ chain）的所有人阿尔弗雷德·陶布曼（Alfred Taubman）如何试图从麦当劳那里争取客户的故事。为了吸引麦当劳足三两（四分之一磅⊖）汉堡的顾客，陶布曼打出广告称只需

⊖ A&W 是"艾德熊"美国快餐的英文商标。——编者注
⊖ 1 磅 = 453.592 37 克。

要同样的价格就能买到比麦当劳足三两更美味、更大份的艾德熊汉堡（1/3 磅）。

真是妙计啊！

当然，如果你不知道 1/3 和 1/4 谁更重一点就另当别论了。

陶布曼号召旗下的行销公司扬克洛维奇（Yankelovich）和 Skelly & White 找出艾德熊失败的原因。研究发现，调查对象们毫无疑问更喜欢艾德熊汉堡的口味。

但导致他们失败的原因却是：

调查对象们问道："为什么我们要花同样的钱买 1/3 磅的艾德熊汉堡而不是在麦当劳买 1/4 磅的呢？"因为三比四小的原因，导致一半以上的受访者都认为艾德熊是在宰客。

这样的问题并不只发生在汉堡大亨身上。事实证明，医学专业人士也会受到错误数学运算的影响。计算药物剂量时，医生和护士也会犯错。事实上，这样的问题非常普遍，也给了那些帮助医生和护士简化数学运算的服务行业如 eBroselow.com（口号：让医学摆脱数学困扰）存在的信心。

数学是通向未来的一扇窗户

一个国家的未来与国民的受教育程度息息相关。我想可能很多人都会辩称，国家对数学成绩差异的关注与快餐店的汉堡成本无关，与困扰某些医生的药物剂量计算也没有关系。它应该是学生的成绩问题，而这些学生在未来某天会变成决定民主政治的组成部分。

那才是应该获得强烈关注和保证的地方。

国际学生评估项目（PISA）对全世界高中学生的数学成绩进行了一次排名。2012年，美国的排名为27。

美国与俄罗斯、匈牙利以及斯洛伐克共和国真的是同病相怜。

中国上海、中国香港、中国台湾和新加坡在此排名中均名列前茅。据研究表明，中国上海15岁学生的数学成绩"领先美国马萨诸塞州同年龄段学生两年以上"，虽然马萨诸塞州在美国表现强劲。

有迹象表明，美国的低分受到了高比例学困生的连累，是那些人拉低了美国的平均分，但这个令人感到安慰一点的意见并没有起什么作用。美国仍然有少数"数学成绩出众的学生"。比如说，相比于中国上海的55%、新加坡的40%和加拿大的16%，仍有低于9%的美国学生的数学成绩为"A"。

一方面，美国15岁学生数学成绩落后的根源可以按阶段追溯到八年级、四年级、一年级和幼儿园阶段。另一方面，中国幼儿很早就擅长、加法、减法和计数，甚至知道0~100各个数字的正确位置。我们发现，中国幼儿园的孩子就已经有了类似美国二年级学生才具备的估算技能。

前美国教育部长阿恩·邓肯（Arne Duncan）就PISA分数提出的第一条建议就是：美国必须开始认真"投资幼儿教育"。他的建议包括全面提高学业标准、降低大学学费和采取更多措施来招聘并留住顶尖教育工作者。但他的头等建议是改善从出生至五岁的幼儿所接受的教育。因为出生后的五年对他们今后的学习成绩（包括数学）来说至关重要。

为什么有的人觉得容易，有的人觉得难呢

为什么美国幼儿的数学能力如此之差，而中国幼儿和其他亚洲国家的幼儿却擅长数学呢？我们该如何提高呢？

虽然确切的答案还有待确定，但是仍需要对一些重要方面进行探索。例如，有人提出中国幼儿能够较早掌握数学是汉语普通话的原因。比方说，在汉语普通话里，数字 11 是 10 和 1 之和，只需要在数字 10 的基础上加上 1 就可以了。此外，亚洲国家的父母和教师对数学的支持和拥护态度明显不同。

早期的数学研究与哈特和里斯利之前进行的语言研究类似，它不在于寻找数学能力存在差距的原因，而是对所有幼儿数学能力发育的普遍性进行探索。在当时，世人普遍认可的是，幼儿入学时完全是一块"数学白板"，他们准备根据个人的天赋能力来学习数学。而非常有影响力的发展心理学家让·皮亚杰（Jean Piaget，他的认知发展理论影响了教育教学方法）则认为数学不应纳入幼儿早期教育的范围内，因为幼儿具有"前运算思维阶段"，还没有做好准备接受抽象的数学思维。

皮亚杰的支持者认为"平均年龄四五岁的幼儿能够数到 8 或 10，但是皮亚杰的启蒙实验证明，在语言表象的背后，这些孩子并没有任何数字观念"。

只有当研究者们开始按照幼儿、学步儿童、婴儿和新生儿的顺序进行研究时才会发现除了"没有数字观念"之外的其他东西。令人惊讶的是，研究者们发现数学能力几乎从生命开始的第一天就伴随着我们。

与皮亚杰的理论相反，这项研究证明了婴儿们从来到这个世界开始就天生具备非语言的"数感"和"猜估"实物相对数量的能力。事实上刚出生两天的新生儿就会做数字匹配游戏。研究者们发现，当他们向新生儿播放一定数量的音节时，新生儿们能够准确地将这些音节数量与对应数量的几何形状进行匹配。例如，当新生儿听到"tuuuuu tuuuu tuuuu tuuu"后，会较长时间地看着印有四个方块的图片；而当新生儿听到12个音节后，则会较长时间地看着印有12个方块的图片。更令人印象深刻的是，婴儿在6个月大时将语音数量和物体数量联系起来的能力通常预示着他最终的数学能力。

略估数字系统

略估数字系统是我们处理数字的第一级能力。它指的是估数和执行估数相关的基本数学过程的能力。

作为成年人，当我们有机会在几罐M&M巧克力豆之间进行选择时，如果我们没有在进行严格的节食，我们一般会把目光对准巧克力豆最多的那一罐。即使我们正在进行严格的节食，我们也会做出如此选择。当我们在超市里，而超市里排着10条队列时，我们很快就能估计出每条队列的长度，并在排除同一时间进行同样估算的其他人后选出最短的一条进行排队。在以上两个例子中，我们都利用了略估数字系统。在我们开始感到飘飘然之前，应注意这并不是人类所独有的能力。除人类之外，老鼠、鸽子和猴子也天生具备这样的判断力。

不幸的是，虽然我们天生的数感似乎让我们能够正确理解与数字有关的词汇，但是实际上并非如此。事实证明这种数感只是很重要而已。

基本原理：不是简单的"一二三"

即使略估数字系统就位，从新生儿的数字预估能力到学习代数、微积分和高等数学的能力仍有很长一段路要走。科学表明，这就是早期语言环境再次变得至关重要的原因。虽然略估数字系统在早期赋予了我们无须依靠语言或符号，而是凭直觉预估数字的能力，但是进行高等数学学习的能力却离不开语言的支持。

父母们都知道，脆谷乐（cheerios）不仅是一种谷类食品，它早期还是一种数字教学方法。当我将脆谷乐从我小女儿的高脚椅托盘前晃过时，我会对她说两次"一二三四五，一二三四五"。我一岁的女儿艾米莉完全不关心她对数字的敏锐性，而是开心地重复刚才的"一二三四五"，虽然口齿并不清晰，但是对于一个母亲来说，却是真的非常接近了。随后我会鼓励她说："真棒！"然后我们会互相朝对方微笑。在吃饭的过程中，她那快速累积技能和优势的大脑会将数字和数字相关的词汇存储起来，为以后的微积分学习做准备。

和艾米莉一样，大部分的幼儿都能够重复一连串如"一二三四五"这样的数字。当他们重复的时候，我们就会对着他们微笑，就像看着未来的爱因斯坦一样。但是，要理解这些词汇并不仅仅是指某一个体事物，而是指个体事物的"集合"是一个很漫长的过程。

也就是说，当一个孩子对着脆谷乐数"一二三四五"时，对于那个孩子来说，他所数的每一个数字似乎指的都是一个单独的个体。明白数字"五"实际上指的是五件事物作为一个整体（五包脆谷乐、五只兔子、五根手指）的抽象概念，是一个巨大的飞跃。领会到"数字代表一个不管是由 2 个还是 22 个事物构成的整体中的个体事物"这一事实后，表示我们明白了"基本原则"。对这个概念的理解是一个重要的迹象，这表明孩子正朝着学习高等数学的道路上前进。

孩子最好在大约四岁的时候掌握到基本原理。为什么掌握基本原理这件事如此重要呢？加利福尼亚大学尔湾分校著名的教育学教授格雷格·邓肯（Greg Duncan）还证明，孩子在入学时的数学技能能够预测他三年级时的数学和读写能力以及 15 岁时的数学能力。虽然先天的数学潜力可能会发挥作用，但在决定哪些孩子将在入学时具备一定的数学技能方面，前三年语言环境的差异似乎起着重要作用。而孩子在入学时所具备的数学技能则会在学习数学的道路上对孩子起到积极作用。

父母的数学词汇与儿童的数学能力

在语言发育项目中，芝加哥大学的苏珊·莱文教授和她的同事对大约 44 名 14~30 个月大的幼儿及他们的家庭进行了追踪研究，极大地帮助了我们理解早期语言环境对整体认知发展的重要性。在研究期间，苏珊·莱文教授和她的同事仔细录制了父母和孩子在家说的每一个单词、做的每一个动作和每一次互动。他们的研究证实了哈特和里斯利的发现：幼儿所处的早期语言环境对其以后在学校获得成功非常重要。此外,莱文和她的团队还发现了父母语言的微妙且强大的影响力。

苏珊·莱文在仔细观看录制视频时发现,数学谈话中产生的巨大变化使词汇在质量和数量上的预期变化变得更加复杂。在每次长达 90 分钟的 5 次家庭访问过程中,有的孩子只听到 4 个与数学有关的词汇,而有的孩子则听到了超过 250 个与数学有关的词汇。一周时间内,有的孩子共听到 8 个数学词汇,而有的孩子则听到了 1799 个数学词汇。一年之内,听到 1500 个数学词汇的孩子与听到 10 万个数学词汇的孩子之间就会存在巨大的差距。

随后,莱文教授和她的同事利用了一个测试来判断这些差距是否能够预测孩子的数学能力。她们给 4 岁以下的孩子看了两张卡片,每张卡片上有不同的点数。然后她们对孩子说一个数字,要求他们在卡片上指出同等数目的点数。研究者们想要知道孩子们是否能够将数字词汇和实际数字联系起来。

毫无疑问,听到更多数学词汇的孩子选择相应数量点数的卡片的可能性更大。和其他只听到很少数学词汇的孩子相比,这些孩子对数学基本原理的高度理解证实了父母语言的力量。

父母语言影响儿童的空间能力

空间的衍生词——空间能力是一种与数学有关的技能。它指的是理解事物间的物理关系的能力。例如,太阳到地球的距离、一块拼图与另一块拼图的匹配方式、帝国大厦的底层和第 102 层之间的差别等。它还可以指空间可视化，能够决定方向，甚至我们所知道的著名 DNA 双螺旋结构（沃森与克里克将罗莎琳·富兰克林（Rosalind Franklin）的平面图像重组成了三维模型），也是空间可视化的一种。

1982 年，阿龙·克卢格（Aaron Klug）在他的获奖感言中对罗莎琳·富兰克林和她的二维图像表示了感谢，感谢让他和他的团队能够构建出核酸蛋白质的三维结构。这是一个空间智力帮助天才成就天才的例子。

空间能力是科学、技术、工科和数学成就的一项重要预测指标，也是父母语言的基础。在苏珊·莱文的研究中，她对父母在"空间谈话"中用来表示物体大小和形状（如圆形、正方形、三角形、大的、圆的、尖的、高的、短的等）的词汇进行了审查，并研究了这些词汇的差异是否会影响孩子对物体间空间关系的理解。

最后的结果令人印象深刻。在两年半的研究时间里，从孩子们 14 个月大时开始，每个孩子听到的空间谈话的数量和类型存在着明显差异。毫无疑问，在一共 13.5 个小时的记录时间里，一些孩子只听到了 5 个空间词汇，而另一些则听到了超过 525 个空间词汇。听到更多空间词汇的孩子也更有可能说出 4～200 个不等数量的空间词汇。

两年后，孩子们长到 4 岁半，苏珊的团队又开始对孩子们进行评估。这一次，她们对孩子们的空间技能进行了研究，包括他们在脑内转动物体、临摹区组设计、理解空间类比和空间知识的假定推测的能力。

结果再次毫不意外。莱文教授和她的团队发现，听到和使用更多空间词汇的孩子在空间测试中表现得更出色。数据表明，这不仅仅是因为他们"更聪明"，而是完全与他们所接触到的空间词汇有关。

莱文教授的研究证明，语言可以发展成一项具体的非语言能力。但问题是，它是怎样发展的呢？多听某个物体的物理设计和它与其他物体的关系能够普遍提高孩子的空间设计和空间关系意识吗？对于我来说，这只是再一次证明了大脑的超凡能力：它能够将语言转化成比语言实际所传递的意义更广泛且更复杂的理解力和其他能力。

然而，虽然对孩子的大脑灌输正确的"知识"是有效帮助孩子理解数学等学科的第一步，但不是所有在四岁半时就懂得空间关系的孩子都会成为爱因斯坦或特斯拉那样的人。如果一名可能成为伟大钢琴家的孩子对"到练习时间了"的反应是"等一下，妈妈"，那么他可能花30年都成不了钢琴家。同样地，如果一名孩子在四岁半时表现出优秀的空间能力，但却宁愿踢足球或写小故事也不愿学习数学的话，他很可能永远都不会成为一名数学家。虽然有一定基础，但是还必须要有兴趣，并勤加练习。

性别差异：细微的影响如何产生强烈的作用

对最终的数学成就具有刺激作用的早期数学谈话习惯性地绕过了女孩子。虽然所有的研究都没有证实这一结果，但在一项针对中产阶级和中上层阶级母亲的研究中，两岁以下的女儿所接受的数学谈话是儿子的一半。此外，这项研究中的女孩所接收的有关基本数字的谈话大约是男孩的1/3。虽然并不是所有的研究都表明早期的数学谈话中存在性别差异，但是也可能存在影响女孩数学成绩的其他更有力的谈话类型，那就是性别定型。这可能是把一个女孩从她可能感兴趣的领域中剔除，阻止她在那些可能因她的加入而获益的理科、技术、工科和数学等领域内发挥专长。

研究表明，这个问题可能从生命的第一阶段就开始存在了。在这一阶段，父母和社会对女孩子数学能力的偏见转变成了缺乏鼓励和女孩子模糊的沮丧感。告诉，甚至是模糊地告诉女孩"数学不是你擅长的"，这样的女孩一般数学较差。

这种情况是如何发生的呢？这是不是一种本能呢？当然不是！根据我们了解到的语言对自我印象的影响，语言也会对能力造成影响。当你的自我印象是一个"数学成绩不好的人"时，你就会面临着学习数学技能的困难。你的大脑会向你传达你不行的信息，在精神上对你设置障碍，以耗尽你的大脑精力。你可能有学习数学的天赋，但是这种天赋被汹涌的自我怀疑消磨掉了。即使是数学能力很好的女孩，通常也会认为自己不如男孩。女孩子在七岁时就开始出现明显的自我定型现象。这会影响她们的远期成就，我们很难不对进入数学、工科和计算机科学领域的少数女性进行同等对待。

然而，最近的研究表明，这种现象可能有所改变。目前研究显示，美国人在数学成绩上存在的性别差距正在缩小，而数学能力好的女孩人数和男孩人数均在增长。理科、技术、工科和数学领域中女性的数量同样也在增加。重要的是，这可能要归因于性别决定数学能力的偏见发生了改变，以及对女孩在家庭和学校中学习数学的积极态度。

最大的讽刺之一是，性别定型似乎是由母亲传给女儿的。它反映了一种不安全感的传递，这种传递代代相传，永无止境。即使在实际的数学成绩面前，母亲也一直高估她们儿子的数学能力，而低估女儿的数学能力。而且，母亲还更倾向于让儿子参加数学活动，从而影响儿子的实际参与性和兴趣。此外，研究发现，相对于女儿，母亲们经常预言她们的儿子会在数学相关的事业中获得成功。更令人惊讶和悲伤的是，即使在实际的学习成绩面前，不管女孩子的数学成绩有多好，母亲们还是会做出同样的行为，而且女孩子们会将这种行为内在化。当女孩子们成功后，我们和她们自己会凭直觉认为，这是她们"努力学习"的结果。而当女孩子们失败后，我们和她们就会认为这是"能力缺乏"导致的。相比之下，当男孩们成功后，大家都认为这是因为他们有天赋，而当他们失败后，大家则认为他们不够努力。

《窒息感》（*Choke*）的作者西恩·贝洛克（Sian Beilock）教授研究了压力和焦虑对专业学习和成绩的影响。她和苏珊·莱文教授在研究中发现了另一个有力的例证：女性会将她们自己对数学的不安全感传递给女孩。她们研究了小学老师的偏见对数学成绩的影响。在90%的从业者都是女性的行业里，仅有10%的女性具有数学基础，并且作为一个整体，她们往往对所有的大学专业都表现出极大的数学焦虑。

该研究由17名一年级和二年级的女老师与她们的学生组成。在学年开始时，研究者对老师们进行了数学焦虑评估。然后，对这些老师的学生（52名男生，65名女生）进行了基础数学水平评估。最后发现这些学生的水平与老师们的"数学焦虑"程度完全无关。

到学年结束时，个别老师在学年开始时表现出的焦虑程度反映在了她班里的女学生身上。对于具有"数学焦虑"的老师，研究者在学年结束时对她班里的学生讲了一个擅长数学的人的故事后，女生们更倾向于画出男孩的形象；而对学生们讲了一个擅长阅读的人的故事后，女生们则更倾向于画出女孩的形象。不仅仅是小学老师通过性别定型的方式将她们的数学焦虑传递给她们的女学生，已内化这种消极性别定型观点的女生在数学考试中也明显表现得比男孩差。

对于没有"数学焦虑"的老师，她班里的女生则不容易在数学中表现出性别定型，且数学成绩和男孩不分上下。

性 别 定 型

我的外祖母莎拉·格卢克（Sara Gluck）出生于贫困的移民家庭。20世纪30年代，她激励自己考上了匹兹堡大学，并选择了数学专业。她是家里面第一个考上大学的人。为了上学，她打了两份工。在大学最后一年，她却转到了教育学专业。我的外祖父告诉我，外祖母转系是因为女性能够从事的工作只有教育和护理。这也是一个与性别定型有关的故事。

我的外祖母和我们这两代女性的区别是什么呢？毫无疑问的是，我们明白得太晚了。但她坚强和果决的性格可能给了我们一个提示。我想心理学家卡罗尔·德韦克（Carol Dweck）可能会有兴趣采访一下她。

卡罗尔·德韦克与成长型思维模式研究

《思维模式：成功心理学》（*Mindset: The Psychology Success*）的

第四章 语言的力量：从思维能力到人生观

作者，斯坦福心理学教授卡罗尔·德韦克是"成长型思维模式"研究的领头人。"成长型思维模式"研究是一场深刻影响了教育领域的思想革命。德韦克教授认为，我们作为父母和教育者必须形成一种"努力是获得成绩的关键因素，而缺乏能力并不是导致失败的原因，放弃才是"的观念，而不要对孩子灌输一种能力才是绝对真理的思想。

德韦克教授说我们单纯地对天生能力进行诸如"你数学真好""你天生就会数学"等赞扬导致了我们未能实现目标。这样一来，我们所传达的就是，数学是一种"天赋"的观点。这种观点的传递抹去了坚持、奉献和努力学习的关键作用。这意味着当你不能轻易做成某件事时，你就不够聪明，也就没有再进行尝试的必要了。

在《为什么科学领域中很少看到女性身影？》（*Why Aren't More Women in Science？*）一书中，卡罗尔·德韦克教授在"数学是一种天赋吗？相信这一说法会让女性处于危险的地位"这一章节中，对她自己和其他人针对"女性在科学领域中的作用"而进行的研究进行了充分的说明。她在书中画了一幅经科学证实的图画，表明女性接收的性别定型观念是造成她们数学不好的主要原因。她指出，到八年级，男女生的数学成绩就已经出现了巨大的差距，但这种差距只存在于那些认为智力具有性别差异性且智力是一种天赋的女孩身上。对于那些认为智力具有可塑性和可改进性的人，性别定型和其影响几乎不存在。

对于男孩来说，相信或不相信性别定型对他们的成绩几乎没有影响。这可能是因为他们不受性别定型的负面影响。

在处理"应该做些什么？"的问题时，德韦克教授和其他人问道，如果我们反对学生相信所谓的天赋，并让学生相信数学能力不是天赋而是努力学习的结果，又会发生什么呢？会让学生的数学能力有所不同吗？

因为这个问题，研究者对数学成绩经常下降且性别差距最明显的初中生进行了一项长达八学期的研究。研究者告诉实验组中的学生：大脑就像是一块肌肉，智力和专长是随着时间积累的。而对照组的学生只学习一般技能，但完全不提任何有关智力可塑性的问题。

对于那些意识到性别定型影响的人来说，研究的结果并不出人意料。一方面，知道智力是不断发展的实验组学生，在学年结束时获得了比对照组学生高的成绩。而且，实验组的数学成绩中的性别差异几乎消失了。另一方面，对照组中的女生明显比男生差。这一点也强有力地证明了德韦克教授的理论。

这项研究还得到了另一项有趣的发现。研究者随后要求老师们对每个学生的学习动机进行评估。在不知道学生属于哪个组的情况下，老师们认为实验组中学生的学习动机具有明显变化，这也增强了语言对数学等特定技能的发展以及学习的根本动力的潜在影响。

动力与决心

我们会算术，也会写文章。我们还能知道我们在宇宙中的位置。现在我们要做什么呢？我们又愿意付出多少努力来实现所想呢？

正如我们之前说过的那样，对孩子讲禁忌性和否定性的语言，会对他们的大脑发育和学习造成障碍。但这是不是就意味着说两句"你真棒""你真聪明""你真有才"就会让孩子变得聪明且无所不能呢？

答案当然是否定的。

事实证明,有些赞美孩子的方式既会产生反作用,也违反常理。毕竟,我们用"你真聪明""你真有才"来疯狂称赞孩子的原因是,我们觉得当孩子认为自己聪明时,他们就会变得聪明。按照常理来说,当你自我感觉良好时,你可以做到任何想做的事情。

是不是这个道理呢?

德韦克教授否定了这一说法。第二次世界大战后,这样的称赞方式开始在美国出现。在那期间,除了经济得到前所未有的增长以外,育儿方式的巨大变化也与前几代人的情况形成了鲜明对比。当时普遍情况是要求孩子"适应"家庭,而家长很少以孩子的需求为中心。这种现象部分是因安·兰德(Ayn Rand)的忠实崇拜者和爱人,心理治疗师纳撒尼尔·布兰登(Nathaniel Branden)的推动造成的。

在《自尊心理学》(*The Psychology of Self-Esteem*)一书中,布兰登提出了"自我感觉良好是关系个人幸福和解决社会问题的关键"这一理论。他一语击中了一些成年人的敏感内心,他们的童年从未被骄纵溺爱过。

布兰登的理论同样吸引了加州议员约翰·瓦斯康赛洛斯(John Vasconcellos)。这位议员成立了一个"自尊和个人与社会责任促进特别工作小组",目的是把"自尊"当作"社会疫苗"注入加利福尼亚州,以帮助打击犯罪、提高学习成绩并消除青少年怀孕、药物滥用和其他不良的社会问题。父母和学校被要求称赞孩子的智力,让他们"感觉自己很聪明",以期刺激他们学习的积极性。

在那个年代,棒球队的孩子们无论是输是赢,抑或全垒打或三振出局,都能获得奖品。父母们也会因为批评意味着永久伤害的自我意识而感到苦恼。

我的书架上放着加州工作小组的最终报告《自尊的状态》(*Toward a State of Esteem*)。它被夹在两本其他书籍之间，因年久而有些发霉。但它一直提醒着我：一个观念能够对整个群体产生作用。但如果实际体验不能够证实这个观念，而且科学也无法验证它，无论这个观念听起来有多么好，它最好的归宿就是永远安静地待在书架上。虽然前面提到的"自尊运动"听起来很美好，但它不起作用。正如一条评论所说的那样，自尊理论"被有缺陷的科学污染了"。

随后，卡罗尔·德韦克又提出了她的观点。

卡罗尔·德韦克说："如果不能正确运用称赞，它就会变成一种负面力量，一种让学生消极且依赖他人观点的麻醉剂。"

德韦克教授的研究为我们指出了一条迥然不同的育儿之路。她将目光转向我们所追求的内在，也就是发自内心的微笑。我们想要的是，孩子在面对一件事情的时候，不管这件事有多困难多费时，都能够就如何完成这件事而立即做出判断。当你考虑到这一点时，你才变成了一对父母一直期望的那种稳重且积极上进的成年人。德韦克教授的科学研究向我们展示的是：实现这一目标需要加强刻苦学习的决心，而不是依靠天生的能力。我们希望的是孩子们在面对障碍时能够找到攻克它的办法，而不是简单的放弃。

我们将这种决心称为"意志力"。

意志力是新的教育口号。它是激励孩子不断朝着目标努力学习的一种坚韧不拔的品质。宾夕法尼亚大学的心理学教授安吉拉·达克沃斯（Angela Duckworth）和《性格的力量：勇气、好奇心、乐观精神与孩子的未来》(*How Children Succeed: Grit, Curiosity, and the Hidden*

Power of Character）一书的作者保罗·图赫（Paul Tough）一直提倡发扬这一观点。然而，这不是一个非此即彼的问题。很明显，不管你有多么聪明，或者多么天才，没有意志力的支撑，那些品质也会变得越来越无关紧要。

意志力的重要性不可否认，但如何将它恰当地灌输给孩子，甚至如何衡量它的科学技术还不够成熟。尽管如此，正在积极研究意志力培养方法的达克沃斯教授还是指出："更倾向成长型思维模式的孩子往往也更加坚韧不拔。"虽然意志力与成长型思维模式并不完全相关，但成长型思维模式认为"如果我努力，我就能变得更好"，可能会帮助人们变得更坚韧、更有决心、更吃苦耐劳。达克沃斯教授还认为："具有成长型思维模式的孩子在失败时仍坚持下去的可能性更大，因为他们认为失败不是永恒的。"

"聪明"和"坚韧不拔"之间最重要的区别是：

当认为自己天生"聪明"的人无法做某件事时，他们会选择放弃，原因是他们不够聪明，或者某些人在背后操纵了那件事，或者是那件事本身不重要。

当"坚韧不拔"的人无法做某件事时，是因为这只是无数次尝试中的第一次，在没有进行真正的战斗之前他们是不会放弃的。他们相信，只要努力，他们能做成任何事。

智力对于天生的"聪明人"而言是固定不变的。而"坚韧不拔"的人会下定决心要成功，智力于他们而言，只是帮助他们成功的关键因素而已。

卡罗尔·德韦克的"成长型思维模式"与"固定型思维模式"的相似之处很明显。"成长型思维模式"认为"智力能通过各种挑战得到提高",而"固定型思维模式"认为能力是绝对且不变的,你要么聪明要么不聪明,要么行要么不行。通常,成长中出现的诸如"你真有才""你什么都会"等对"天赋"的称赞所导致的结果就是,固定型思维模式会阻碍你继续面对困难挑战。

德韦克教授1998年的一项重要研究显示,只需要简单一句对人或过程的称赞,就能够对孩子能否积极应对挑战产生深远的影响。

德韦克教授在研究中让128名五年级学生解答一道难题。测试结束后,一些学生得到了"聪明"的称赞,而另一些学生则得到了"努力"的称赞。随后,她给出了两个选择,一个是让学生们再解答一道更难的题目,并告诉他们"会从中学到更多";另一个则是和第一道题差不多难度的题目。获得"聪明"称赞的65%的学生,选择了和第一题差不多难度的题目,而获得"努力"称赞的92%的学生选择了更难的题目。

有研究文献已经再次确认了卡罗尔·德韦克的创举,证实了"基于个人"和"基于过程"在结果方面的显著差异。具有固定型思维模式的孩子因为基于个人的称赞,在事情变得具有挑战性的时候更容易放弃,甚至在失败后表现持续下滑,屡战屡败。同时,他们也更容易对成绩撒谎,以彰显他们的聪明,因为他人认为"聪明"是他们的人格面貌中的重要部分。

父母称赞风格塑造儿童思维模式

我在芝加哥大学的导师和同事,苏珊·莱文教授和苏珊·戈尔丁-梅多教授，与卡罗尔·德韦克合作研究了称赞在儿童早期阶段的作用。作为芝加哥大学纵向语言发展项目的一部分，在由莉兹·冈德森（Liz Gunderson）教授领导的研究中，对1～3岁孩子所受到的父母称赞的类型进行了调查。五年后，她们对这些孩子进行了追踪调查，以判断他们的思维模式（成长型还是固定型）是否与他们受到的称赞类型有关。

而最终的结果令人印象深刻。

在研究的第一阶段，他们发现孩子在14个月大以前，父母们就已经形成了一种"称赞风格"，也就是称赞"聪明"或者称赞"努力"。

五年后，研究者们发现，经常受到基于过程称赞（也就是在三岁前称赞孩子的智力和努力）的孩子，更容易在七八岁时具备成长型思维模式。更令人惊讶的是，研究发现成长型思维模式能够预测二至四年级时的数学和阅读能力。有证据表明，这些孩子倾向于相信他们的成功是努力工作和战胜挑战的结果，而他们的能力可以通过努力获得提高。

然而，称赞行为中同样存在性别差异，虽然这种现象并不常见。在那些出现性别差异的研究中，男孩更有可能受到基于过程的称赞，而女孩则更有可能因"天生"的能力而受到称赞。即使在他们14个月大时，情况也是如此。那些研究中的女孩具备固定型思维模式的可能性更大，并同时伴随着一种她们的能力是固定不变的感觉。目前证实这种感觉的研究还在进行中。

虽然称赞行为中存在性别差异的研究结果还有待证实，但是基于过程的称赞效果和基于个人的称赞效果似乎已经很明显了。在之前的两种情况下，父母们的育儿意图实际上都一样是正面积极的，但科学

91

告诉我们，育儿意图的成功更可能与基于过程的称赞有关。

主动 VS 被动

当我们谈到意志力时，我们指的是过去那种意志力吗？抑或相对于非必要的意志力，还存在着一种我们偏爱的意志力？

我向芝加哥大学特许学校的首席执行官肖恩·埃文斯提出了疑问："在你们消除'性别差距'的过程中，对于学生存在的'我不行'这一根深蒂固的观点，你们有尝试过向他们灌输意志力吗？"而这种信念上的差距，是否又是另一个缺乏意志力的例子呢？

肖恩否认了我的问题，并解释说他们学校的学生具有很强的意志力，他们利用意志力做很多的事情，只是不在学业上使用意志力而已。在他的学校里，孩子们需要的是重新定向他们各自的意志力。而肖恩和他的同事们要做的就是给予孩子们帮助。

他们有意志力吗，你可以想象一下

想象你必须在犯罪猖獗的居民区每天乘坐公交去上学；想象你要和一个根本不了解你但却对你持否定看法的社交群体打交道；想象你的前途一片灰暗，你的面前是一副厚重不透光的窗帘，只留出一个缝隙允许除你之外的人通过；想象你出生在一个教育体系、医疗体系不完善、不公平，工作机会也不平等的社会。总之，想象一下你的人生是不公平的就对了。这样的环境中的孩子具有意志力吗？肖恩·埃文斯说："他们有非常强的意志力，不然他们该如何生存下去呢？"

对肖恩和他的同事来说，重新定向学生的意志力意味着激励学生完成高中学习后继续进入大学学习，并激励他们实现目标与梦想。这项工作的进行基于帮助学生们建立成长型思维模式，并将他们认为自己能行的观念内在化。也就是让他们变得专心致志，全力以赴。归根结底，就是从总是有理由让学生不相信自己的世界中夺回力量，并利用这种力量实现成就。

肖恩的想法得到了科学研究的证实。研究表明，自我定型风险已被证明是影响学习成绩的一个严重问题，向少数民族学生灌输"成长型思维模式"是对抗这种自我定型风险的重要因素。在一项为了测试消极自我定型对学习成绩的影响力而进行的干预研究中，被教导智力具有可塑性的实验组中的少数民族学生与对照组中的学生相比，前者的平均成绩高于后者，而且学习成绩的种族差距也缩小了40%。

在2012～2014年，特许学校的高中毕业生的大学录取率高达100%。期间每一年的所有毕业班学生都升入了大学。

学习的三大要素

智力、成长型思维模式和意志力都是影响学习成绩的重要因素。但如果缺少另一个关键要素，前面的三个重要因素，按照一些研究者的话来说，也不过是唱独角戏，不起什么作用了。

芝加哥大学经济学教授詹姆斯·赫克曼（James Heckman）是

2000年诺贝尔经济学奖得主。他的研究证明，社会通过幼儿期投资而节约出一大笔钱。据赫克曼教授计算，在儿童一岁过程中所投入的每一美元，社会都将获得七八美元的回报。毫无疑问，这真的是一项伟大的投资。

2014年，赫克曼教授在芝加哥大学成立了人类发展经济中心，以此表明他的人生目标是找出减少不平等、促进人类发展并更好理解如何确保个人完全发挥潜力的方法。该中心的项目包括幼儿期评估计划、子女投资鼓励策略审查、诚信与毅力等非认知性技能的测量与培养、遗传与环境关系的确认等。该中心，包括执行主任艾莉森·巴洛斯（Alison Baulos，拥有工商管理硕士和社会工作专业硕士学位）以及中心50名专业研究员和员工的终极目标是找出能够优化受教育程度、就业成功率、健康和育儿方式等生活质量的要素。

我第一次与赫克曼教授见面时，他的对外办公室里挤满了来自世界各地的博士研究生。赫克曼教授个子高，拥有一头浓密的白发，非常迷人，给我留下了非常深刻的印象。他把我迎进办公室，请我坐在了他对面的椅子上，然后我们开始了交谈。更准确地说，是我在说话。他的注意力非常集中，就像一台高速运转的计算机。

当我停止说话的时候，他把身体向后一靠，然后开始清楚地回答我的提问。据赫克曼教授所说，决定儿童学业成就的重要因素是自我调控和执行功能。没有自我调控和执行功能，儿童，甚至我们自己能够成功的可能性都很小。而为了确保所有儿童都能够发挥出这项优势，对幼儿期进行投资就变成了第一要务。

自我调控和执行功能，有时也被称为"品质"或"软"实力，指的是监控自身行为的能力。沃尔特·米歇尔利用棉花糖对该能力进行了实验。

20 世纪 60 年代后期，斯坦福心理学家米歇尔教授对一名小孩的能力进行了实验：等待更大的奖励还是选择当前的奖励。等待前的奖品是一块棉花糖，等待后是两块。数十年过去后，他发表了《棉花糖实验》(*The Marshmallow Test*) 一书，并在书中公布了他的研究结果。研究表明，能够等待更大奖励的孩子长大后在学业上表现得更好的可能性更大。

自我调控和执行功能：脑前额叶皮层

"等得了两块棉花糖"是对某些重要行为的一种比喻说法。那些重要行为包括控制脾气的爆发和不适当的爆发、控制对诱惑的反应、抑制怒吼或攻击他人等剧烈反应。它的另一个名字是"抑制控制"，也就是在你消极或面临严重问题时压抑住自己的"自然"反应。

和智力不同，自我调控和执行功能让我们在处理问题时保持镇定，而不是激起我们的自然反应，并加剧这种反应。

这些能力对我们拥有一个有所作为和稳定的成年期非常重要，但它们不是与生俱来的。因为在幼儿期时受到了环境的深刻影响，经过了从婴儿到成年初期这一漫长的时间，我们才获得了这些能力，而在这段时间里这些能力也获得了提高。它们与脑前额叶皮层存在绝对的关联。同时，家庭环境在这其中也具有重要的作用。脑前额叶皮层不只是自行朝着积极的方向发育，它是自我调控和执行功能的中枢。如果事实真是如此，那我们的生活就会变得容易很多。但实际上，从我们甫一出生，大脑的前额叶皮层这一部分就非常容易受到影响，而且对焦虑和危险反应激烈。情绪化和存在有害压力的早期环境，包括但不限于消极且反复无常的父母语言，会对脑前额叶皮层的发育产生不利影响，导致自我调控和执行功能发育不全，并最终危及孩子和他们长大后应对生活压力的能力。

例如，自我调控和执行功能较差的孩子在上幼儿园以后会出现学习困难的情况。从某种意义上来说，如果孩子的理智不能让他安静下来，或把注意力集中到他面前的知识上，孩子就无法吸收这些知识。其中的道理就是这么简单。不管孩子的潜在智商如何，这都限制了孩子当时的学习，也预示了其将来的学习会很差。

这种干扰不仅仅针对孩子，整个班级的人也会受到影响，因为该类孩子的行为会扰乱其他人的活动。为了减轻这种影响，这类孩子通常会被贴上"低能"或"表现差"的标签，而这样的标签难以去除且具有预示性。

虽然所有的孩子都容易受到影响，但据统计，出生贫困家庭的孩子，尤其是男孩子特别容易受到影响。这种情况存在很多的潜在原因。首先，贫穷本身因其缺乏希望和复杂性会产生压力。孩子的出生，即使在最好的情况下，也是一个会恶化局面的压力源。其次，贫困家庭的居住环境通常充满着较高的压力（包括室外潜在的暴行）。

孩子受到影响不奇怪。虽然生活中处处都有压力，但偶尔的低压力可能会产生积极的作用。长期受到有害压力影响的孩子在进入幼儿园时会更容易存在自我调控和执行功能的问题。这些问题通常会伴随孩子的整个学生和职业生涯。

重要的是，我们要了解这种情况发生的原因。

当一个家庭长期处于压力之中，语言交流会变成刺耳的指责和恐吓，孩子大脑的"避风港"就是保持"高度警觉"，也就是经常提防着靠近的攻击。有时也被称为"战斗或逃避"反应。这种即时防御系统只是大脑在试图进行自我保护。但问题是，这种保护太过，导致大脑最终完全失去了分辨威胁的逼近和威胁不存在的能力。大脑的全部精力都用在了防御未知的状况上面，导致大脑发育受到了严重影响。

这种大脑发育的损耗是耗费所有注意力进行自我保护的结果，它将严重削弱孩子进行抽象学习的能力，包括学习字母表和"一加一等于二"这些基础知识的能力。随着孩子，甚至是青少年和成年人越来越落后于他们的同龄人，这种损耗也会逐年加剧。那么，他们的实际潜力去哪儿了呢？我们永远都不会知道了。

孩子进行自我调控的关键

父母的语言能影响孩子的自我调控和执行功能，但更重要的是孩子在外界刺激不存在时的表现。例如，当我们命令孩子"用语言解决"时，我们是真的在让孩子停止某一行为并进行自我调控。然而，自我调控实际上依靠的是孩子对自己所传达的命令。这是至关重要的。因为虽然总是需要控制行为，但是也只有在没有外部指令的情况下自然发生时，大脑才会保持清醒，并促进智力发育。

命令孩子"用语言解决"是不是将孩子变成了常常依靠语言而很少给出积极反应的那类人呢？

答案是有时候会这样，但不是经常。

37岁就英年早逝的苏联心理学家利维·维果茨基（Lev Vygotsky）很早就认识到了儿童自我调控能力的发展。维果茨基提出，孩子自我调控能力的发展依靠的是照顾他们的人。看护人在日常互动中向孩子们传达文化规范，并最终给予孩子依靠大脑进行自我调节的工具。维果茨基认为，孩子从"环境的奴隶"（即受看护人意志的影响）变成了"自我行为的主人"并拥有看护人所教给的工具。虽然维果茨基将语言当作孩子习得自我调控能力的头等大事，但是他认为，那些"工具"既有语言上的，也有非语言上的。

目前的科学证实了维果茨基的假设，即语言技能在孩子的自我调控中扮演着非常重要的角色。语言发育迟缓的孩子，不管是听力受损造成的还是因为缺乏足够语言输入的缘故，抑或是由于其他原因导致的言语迟缓，都很容易出现与自我调控有关的问题，反之亦然。针对词汇扩展而进行的各种干预研究显示，孩子的语言和社交能力均有了提高。为了改善学龄前儿童的语言技能而进行的一项干预研究发现，参与预示着社交能力升入青春初期。令人惊讶的是，与自我调控对抗得更多的男孩和那些高危家庭的孩子在那期间受到的正面影响最大。

自 我 对 话

没有人在场的时候，2～7岁的儿童经常不停地说话。那是一种好现象。那证明孩子进行自我调控时的主要心理工具是与自己对话。学龄前儿童的自言自语，也叫作"自我对话"，实际上预示着社交技能的进步和行为问题的减少。老师们认为这样的孩子具有更高的自我调控能力。

与之相反亦然。来自贫困家庭的孩子，如阿帕拉契亚地区参与研究的孩子，已被证明具有较差的自我调控能力，在自言自语方面的发育不够，而且在自控与社交技能方面的结果也比较消极。

纽约大学的克兰西·布莱尔（Clancy Blair）教授和西布莉·瑞弗（Cybele Raver）教授在测试孩子自我调控和执行功能改善程序的有效性时，对"心智工具"程序进行了严谨的对照研究。他们那具有里程碑意义的研究覆盖了 29 所学校和 759 名幼儿园学生。研究表明，"心智工具"对执行功能、推理能力和注意力控制，甚至是唾液皮质醇水平和压力荷尔蒙指标均具有积极的作用。他们的研究结果还显示，升入一年级后，孩子们的阅读、词汇和数学能力都会有所提高。

其中某些只针对特困学校的明显需求的效果表明，早期小学教育对执行功能与自我调控相关能力的关注，有助于缩小成绩上的差距。布莱尔教授也被这项研究结果震惊了。"我们发现，应用了'心智工具'的特困学区与高收入学区的学生基本能力特征的水平都变得相同。"

父母语言如何影响儿童自我调控

父母-看护人语言在孩子最终的行为调节能力和情绪反应中具有核心作用。当处于丰富多彩的语言环境中时，孩子的语言能力就会增强，从而导致其自我调控能力的增强，反之亦然。父母讲话较少的家庭中，孩子的语言能力会降低，并导致自我调控能力的降低。

最新的研究告诉我们，即使婴儿因年龄太小而不能理解语言，这种情况也会发生。事实证明，只听到自然的声音序列也会让婴儿朝着自我调控和执行功能方向发展。这是因为，在语言学习的过程中，听到一系列声音的大脑开始建立起一个循序处理事情的框架，反过来，这个框架又是规划和执行反应的先锋，也是执行功能和自我调控的一个重要方面。

该研究在印第安纳大学进行。克里斯托弗·康威（Christopher Conway）教授、比尔·克罗嫩伯格（Bill Kronenberger）教授、大卫·皮索尼（David Pisoni）教授和他们的同事对天生耳聋但安装了人工耳蜗的孩子进行了研究。他们的结论是：虽然听到语言对孩子的影响远远超过了语言能力，但是听不见声音对执行功能和自我调控的影响更根本，也更深远。

理想的看护人语言在早期阶段能帮助孩子变得独立。每一句赞美、每一份为了鼓励和纠正而做出的努力都是为了让孩子变得优秀、独立和有所作为而采取的一种有意识或者无意识的策略。在育儿的各个方面，敏感又有求必应的看护人往往预示着成功。他们可以帮助儿童训练适龄的行为技能和可能只是略高于自身能力的问题解决能力。

利维·维果茨基的"最近发展区域"理论是"鼓励孩子超越其能力"。这是一种让孩子们向更高层次的行为发展的方式，也是对孩子说"现在放下玩具"与"玩完玩具后，我们应该怎么做呀？"的不同之处。

前一句话要简单一些，它是一个来自"上级"的指令，必须执行，不能反对。第二句话则支持了孩子刚刚拥有的自主权。科学证实，第二句话对孩子的自我调控和执行功能的影响是非常巨大的。相对于直接用命令支配一岁大婴儿的行为，母亲平静地给出建议会让婴儿在三岁时具备明显较强的执行功能和自我调控能力。

格拉日娜·科汉斯卡（Grazyna Kochanska）教授和纳赞·阿克桑（Nazan Aksan）教授等人的研究表明，当父母鼓励孩子控制自己的行为、向孩子解释规则的道理，以及为了管教不感情用事时，孩子的自我调控能力就会得到提升。这些孩子不会立即给出反应性行为，而是更可能仔细地思考问题。这种思考即孩子会将父母的管教风格内化为自己的"自我对话"。这种自我对话是孩子行为的基础。

这种管教的另一面是控制型父母带来的负面影响。利用压力和权威来约束孩子行为的父母会让孩子在短期内顺从，但长此以往，孩子们的自我调控和执行功能就会变差，并且在成年后还可能会出现严重的自我控制的问题。

父母语言的细微差别

主要的管教类型有两种：

- 命令型：对孩子的输入信息进行限制的命令，包括训斥和要求；
- 建议提示型：诱发孩子的输入信息、意见或选择。

在父母大喊出一个命令的瞬间，头脑里并不一定会思考用词或者语调对儿童成年后的影响。例如，当一位母亲尖声说："马上从屋顶上下来！"时，希望的是孩子在此时能马上做出成年人的反应，而并非孩子的自然调节反应。

但是，科学确实向我们证明了，在两种父母讲话类型中，"建议和提示"从长远来看有助于自我调控技能，而命令却削弱了这种技能。

科学对于适度使用命令的情况并不是很确定。事实上，科学并没有绝对否定命令型管教。在早期阶段，直接且清晰的命令似乎会促进孩子学习规则的能力，并培养与执行功能和自我调控能力的产生相关的适当行为。

在人类发展的各方各面，共性对于幼儿个体与环境之间的复杂关联来说只是次要的。没有人在走上社会的时候仍是一张完全的白纸，等待世界来告诉我们自己是谁，能做什么，又可以成为什么样的人。在自我调控和执行功能的发展中更是如此。不仅仅是我们的遗传基因和出生时的气质在共性的发展中发挥着作用，共性也决定了我们会如何应对周围的环境。例如，出生时反应更活泼或"性情多变"的孩子对环境很敏感。这意味着在控制或敌视环境中，这样的孩子会变得越来越好动，并表现出较差的自我调控能力。但是，从积极的方面来看，在特别给予帮助和支持的环境中，一些研究发现这样的孩子发育得很好。

即便没有科学的绝对证明，对于孩子来说最适宜的环境必定是温暖、培育型和积极回应的环境。而对于孩子们来说，有压力的有害环境是消极负面的，会抑制执行功能和自我调控能力的发展，并对孩子和孩子成年后产生影响。

双语的优势，我必须讲给你们听

作为第三代美国人，我知晓很多故事，虽然也是从别人那里听来的，但也算是个"过来人"了。我的曾外祖父 12 岁的时候来到美国，每天在匹兹堡卷 10 个小时的雪茄。我的母亲告诉我："他们待在最底层、最破烂的船舱里，漂洋过海来到美国，用贫穷换取贫穷。"

我曾外祖父的父亲和家人最终来到了美国。他们既没有手艺也没有钱，最重要的是，他们也不会说英语。但当我的母亲出生后，也就是 40 年后，他们就只说英语这一种语言了。我母亲说，除了使用母语说几句打趣的话，他们再没有对自己的孩子说过其他的语言。但事实上，孩子们只会听说英语是一件非常糟糕的事。

他们犯了一个错误……但现在告诉他们为时已晚！

在最近针对讲多种语言的益处所进行的科学探索中，一些研究发现，会讲第二语言的孩子具有较高的自我调控和执行功能。这一研究与 20 世纪 60 年代之前进行的"传统智慧"研究（该研究认为双语教育对智力发育和智商产生了消极影响）相矛盾。有趣的是，这引出了一个文化偏见的问题。但这种看法不包含一直十分流行的法语。

伊丽莎白·皮尔（Elizabeth Peal）教授和华莱士·兰伯特（Wallace Lambert）教授于 1962 年指出了那些研究的不足之处。利用标准化量表和准确采样，他们发现使用双语的孩子相比于只使用一种语言的孩子，在语言和非语言方面都处于优势。皮尔和兰伯特的发现引发了许多科学著作的发表和证明双语对执行功能存在积极影响等研究的激增。起初，这归因于婴儿必须主动抑制一种语言，而从另一种语言中辨别词汇含义，以帮助大脑忽视干扰，集中注意力。但实际上这似乎比人们认为的更复杂更微妙。事实上，通晓两种语言的人对两种语言总是信手拈来，他们的大脑会不断地对使用哪一门语言进行监控。

该领域的资深研究员埃伦·比亚韦斯托克（Ellen Bialystok）教授说："我们认为双语语言错误百出，有时你可能会发生口误或者使用错误的语言。但实际上并不存在这样的情况。"研究者们相信，双语大脑在两种语言中总是时刻准备着，比如说，确保不会将对待秘鲁外祖母的反应与对待代数班里小孩子的反应弄混淆。因为具备自我调控的能力，双语大脑会一直监控对输入信息的恰当反应。不仅仅是语言，生活中同样如此。

不幸的是，100年前的信条仍存在。虽然我们正朝着美国历史上的一个重要转折点靠近，而我们中的很多人也很快就要变成西班牙裔遗民了，但移民家庭的父母仍希望他们的孩子只说英语。我曾质疑过我曾外祖父的信念，他们坚持认为英语是他们的孩子唯一所需要的。

3000万词汇量（TMW）项目中的双语课程开发人员亚拉·丰马约尔·里瓦斯（Iara Fuenmayor Rivas）在与3000万词汇量项目中西班牙的移民父母进行谈话时发现了这个现象。她对此感到非常惊讶。父母们完全明白他们是孩子的第一位也是最重要的老师，并且父母的语言能帮助婴儿的大脑发育。他们理解并热情地接纳了这种科学的观念。

但有一部分内容除外。

作为一个群体，他们拒绝承认双语教育对他们孩子的发展所产生的积极作用，也常常拒绝对孩子说自己的母语。即使对他们解释了双语教育对自我调控和执行功能的潜在作用，也无法改变他们的想法。对于他们来说，他们的主要目标就是让他们的孩子变成"真正的美国人"，为了实现这个目标，英语就应该是他们孩子的唯一语言。

我甚至可以看到我的曾外祖父在听到这种想法时会点头表示

第四章 语言的力量：从思维能力到人生观

同意。

尽管他的这种想法是错误的。

研究双语教育对儿童语言发展影响的专家，佛罗里达亚特兰大大学的心理学教授埃里卡·霍夫（Erika Hoff）对出生在双语家庭的婴儿进行了追踪研究。研究自婴儿期开始到现在已经过去五年了。

她经过研究发现：不管父母的受教育程度如何，也不管他们成年后的英语有多熟练，父母用自己的母语对孩子说话总是更有益一些。这一点的原因合乎逻辑。因为新的语言（在此处指的是英语）是父母们成年后学习的，他们的英语在词汇量、语法、微妙之处或整体质量上总是不及那些以英语为母语的人。当人们使用已融入他们生活的语言表达自己时，他们所表达的不仅仅是词汇实际的意思，他们还传递了情感和对于非母语者来说有些朦胧含蓄的深层含义。一些研究发现，从使用非母语语言的父母那里学习非母语语言会对孩子两岁时的整体认知发展产生负面影响。

最好的方案就是，不讲英语的父母的孩子从他们的父母那里学习父母的语言，但同时还应该与以英语为母语的人建立语言关系。虽然对于幼儿来说，通晓两种语言会让他们早期的两种语言的词汇量较小，但是事实最终证明，学习两种语言的孩子在长大以后，词汇量会有所提升。对于我来说，这种策略的最大优势是这些孩子最终会通晓两种语言，而这是大部分传统美国人所不具备的。

到目前为止，我们谈论了父母的语言对智力的重要性以及稳定性、意志力、自我调控和双语教育的重要性。除此以外，父母的语言对其他方面也存在影响。如果世界上的每个人都具备那些特征，这个世界就会变得精彩。

105

同情心与道德观：变得善良的科学方法

探讨父母的语言的力量的重要原因是为了设计出让所有孩子发挥潜能的办法。3000万词汇量（TMW）项目中的父母经常提醒着我，那些潜能远不止学业上的成就和职业上的成功。他们希望自己的孩子不是"顺从"意义上的善良，而是抱着同情心和大度的心态理解他人。

事实证明，变得善良也是一个很务实的决定。

亚当·格兰特（Adam Grant）在《沃顿商学院最受欢迎的成功课》（*Give and Take: Why Helping Others Drives Our Success*）一书中指出，善良、奉献但不求回报的人不仅仅会获得至善至爱的赞美，他们的事业也会蒸蒸日上。宾夕法尼亚大学沃顿商学院的格兰特教授证明了"好人有好报"这一观点。这个观点很重要，并不是因为善良需要一个实际的理由，而是因为它证明了善良会长期受到它自身的积极影响。

格兰特在《培养一个有道德感的孩子》（*Raising A Moral Child*）一文中探讨并证明了父母的语言（包括称赞）对孩子的宽容品质和道德行为都有重要影响。阅读了解了"基于过程的称赞"会对成就造成积极影响后，"什么样的称赞会让孩子变得善良？"这一问题似乎有了答案，那就是"我喜欢你在游戏中帮助朋友的做法。"当然，在这个例子中，实际收集到的证据却否定了这一说法。虽然帮助孩子获得解决问题的意志力是通过称赞行为实现的，但帮助孩子培养同情心和善良最好是通过基于个人的称赞来实现。

对于获得基于个人的称赞和获得基于行为的称赞的孩子，研究发现获得基于个人的称赞的孩子，在几周后有机会表现大度时更有可能表现得大度。

另一项针对3～6岁孩子的研究也对这一点进行了证实。相比于被要求"帮忙"，被要求充当"帮手"的孩子更有可能帮助研究者进行打扫。事实上，只听到"帮我个忙"的孩子，并不一定会比什么都没听到的孩子，更容易停止玩耍去帮你。

有谁知道动词与名词间微妙的差异可能改变孩子在帮做家务时的反应的吗？这种改变不仅仅针对孩子。另一项研究表明，相对于被要求"不要骗人"，被要求"不要做骗子"的成年人就不太可能去骗人。其实，被要求不要当"骗子"的群体根本不会骗人。

为什么会这样呢？可能是因为大多数人都想变得"善良"。名词就像一面镜子，让我们看到真实的自己。亚当·格兰特解释说："当我们的行为反映出我们的性格时，我们更多的是倾向于道德和大度的选择。随着时间的推移，这就会变成我们性格的一部分。"

"你真差劲" VS "你做了一件非常糟糕的事"

当然，父母的谈话内容不仅仅是称赞和鼓励好的行为，它还对不可接受的行为做出了反应。内疚和羞愧是情感光谱中的两个极端，它们是我们做错事后的两种反应。一方面，羞愧会渗透进我们的内心，反映的是我们自己眼中的自己。另一方面，内疚是对与自我感受相反的某些特定行为的具体感觉：这就是"差劲"与"做了一件糟糕事"的区别。

父母用来应对不可接受行为的语言在决定孩子的自我感受方面至关重要。如果我们希望孩子变得积极，但由于孩子与期望不同，我们对孩子的某些行为进行批评，会帮助他们明白自己是"善良的"，只是犯了一个可挽救的错误，而不是让他们发现自己"很差劲"。

最后，格兰特教授指出，在培养孩子的善良和道德感时，还存在比父母的语言更有力量的东西。

拥有善良、有道德感且品行端正的父母也大有助益。

第五章

3T 原则：优化大脑发育的亲子沟通

> "一个从不犯错的人也绝不会去尝试新鲜的事物。"
> ——阿尔伯特·爱因斯坦（Albert Einstein）

第一部分　明确大脑发育的最佳阶段

依稀记得，2002年的夏天，我第一次造访了芝加哥大学。那时，一个瘦骨嶙峋的毕业生朝我迎面走来，只见他穿的短袖衫上赫然印着："这玩意儿可以应用于实践……但如何用理论阐释呢？"

一想到芝加哥大学的鼎鼎大名，眼前的此情此景不由得使人发笑。芝加哥大学是一所治学严谨的学术机构，但该生衣服上的"实践"却是一个秽语，带点儿情色意味的字眼，用来表表幽默罢了，至少我认为还挺滑稽的。当时，我还只是一个纯粹的医生，大学校园的氛围跟我熟悉的手术室的灯光、有条不紊的工作节奏相去甚远。当下，我仿佛去了另一个星球，那里的文化，所有的一切都跟我熟悉的事物大相径庭。那时，我还没有踏入社会科学的领域。在我面前，还有一道深邃的鸿沟等着我去跨越。

在我看来，那件"实践对立理论"的短袖衫之所以有趣，恰好在于它透露了一丁点儿真理。通常情况下，理论和实践运行于不同的轨道上，彼此相互孤立，偶尔才尴尬地会晤几次。这就好像一个精心策划的完美约会，直到双方见面的时候，才发现大家说的都不是一国话。你问科学家什么叫干预，一般的科学家表示不太能理解；然后你又问奋战在第一线的"干预家们"什么是科学依据，他们也表示费解。我可以听到双方都在激烈地争论这些问题，但他们却在各自的学术世界里展开争论，在不同的大学里，说着不同的语言。

科学探索出的真相，如果不能通过有效的阐释，使之应用于实践中，我们的孩子便不能从中获益。同样，没有强有力的科学理论所支持的研究项目，也不能使人有所裨益。

本章是对"3000万词汇倡议"中工作方法的细述。该方法对科学发现进行阐释，并应用于实践中。它的目的在于确保儿童的大脑发育达到最理想的状态。其核心理念认为，儿童的智力具有可塑性。同时，父母或监护人的语言也是影响儿童认知能力发展的重要因素。"3000万词汇倡议"的研发课程应用广泛，既适用于普通家庭的亲子活动，又可纳入儿科医师的治疗过程，甚至适用于产房。其所有项目的进程和测试都在科学的指导下进行。

尽管一开始的时候，我还不太了解如何运作一个研究项目，甚至不清楚如何形成行为干预，但我很明确我的目标：找出我的某些病人的学习能力较他人弱的症结，并对症下药。我知道要做到这点需要下很大的工夫，也明白这需要团队的合作。起先，如何建立有效的行为干预计划所带来的复杂性使我感到费解，我还有很多的地方需要学习。

事实上，通读相关的学术论文是一件轻松愉悦的事情，因为在阅读的过程中我们会发现，作者已经帮你完成了几乎所有的工作：从对问题的预判、相关的理性见解，到问题的解决措施，作者都洋洋洒洒毫无保留。对于医学界的专家学者、技术公司的老总们来说，他们也迫不及待地想把论文的研究成果投入到各自的生产实践中去。

然而，就社会科学领域而言，却又是另外一回事了。即使社会科学学者们之前就做出了杰出的贡献，那些非凡的成果也经历了严格的检验，但它们却不能像医学和技术领域一般，轻松地将成果投入实践之中。导致这个结果的原因很复杂。首先，社会问题的改善往往不能产生经济效益，反而还要投入大量的金钱。其次，我们常常会从政治辩论中听到对社会问题的推断性的解决方案，似乎真实可靠的科学调查比不上争论者们的"肺腑之言"。最后，我们不得不承认，由于社会长期存在的复杂性、创新性，纵使我们已经找到了有科学依据支撑的解决措施，它们也很难发挥效用。

当我涉足社会科学领域的时候，我首先学到的一课是：我必须尽可能地去认识这门科学的复杂性，尽最大努力去吸收该领域的研究成果，并用它们来帮助世界。最后，事实证明这还是比较容易的一部分。

3000万词汇倡议，只为做好一件事

"该不该干？"这个问题从来都不是我们的困扰。我们一直思考的是"该如何去干"。

"3000万词汇倡议"团队积聚了一群努力工作、富有同情心和创造力的人们。我们在一起共事，可谓相得益彰。同时，我们也跟芝加哥大学和全美范围内的精英学者们保持着密切的合作。

克里斯汀·莱菲尔（Kristin Leffel）是区域政策规划合作中心的主任。在拿到西北大学社会政治学系的学士学位之后，她立马加入我们的团队之中。当我们开始上路的时候，我们踏上的是一块新奇的、前无来者的土地。克里斯汀是团队的主心骨，她肩负着各种各样的职责，从团队的课程规划师、家庭访问员，一直到数据管理员。她甚至还承担起了平面设计一职。她不仅具有敏锐的头脑和创造力，身上还焕发着人性的光辉。

必须要说的是，我并不是克里斯汀的首选。起初，她向我的丈夫抛出了橄榄枝。我的丈夫刘博士是一名儿科医生，克里斯汀想要向他咨询健康差异研究方面的问题。在来信中，她对公共健康领域很有兴

趣，并想要"做出一点儿改变"。刘博士把这封信给我看了，接下来发生的故事就老生常谈了。

我很幸运，能够成为"3000万词汇倡议"这个幸运团队中的一员。

弟弟迈克尔给我带来了之后的好运气。当时，他正在追求现在的女朋友贝丝·萨斯金德（Beth Suskind），幻想着用自身的魅力去征服她。贝丝在业内是颇负盛名的电视制作人。在我的不断恳求下，她最终作为联合主任，加入到了团队之中。对于项目设计，贝丝具有敏锐的洞察力，她在努力达到教育目标的同时，帮助团队推出了完善的课程体系。从家长的反馈来看，我们的课程不仅通俗易懂，而且易于他们掌握。

谢谢你，迈克尔。

克里斯汀和贝丝以身作则，向公众表达了团队的决心。我们决心探究一个重要的社会问题：美国的孩子接收的是什么样的教育？

"3000万词汇倡议"父母：创造力和合作

"3000万词汇倡议"的课程是由父母参与研发的，测试和面向的群体也是父母。我们在芝加哥大学附属医院的餐厅里挑选了一群工作人员，她们都是妈妈或者奶奶，由她们构成了第一个研究小组的调查对象。她们慷慨地放弃了休息的时间，细细地浏览了项目的细节，并提供了她们的反馈意见。

我们还在医院的等候室、杂货店，甚至公交站招募了一群父母加入到我们的研究项目中。过了一段时间，已经有成百上千的父母反复阅读了项目细节，并在品质、简洁性，以及实用性方面给予了我们宝贵的反馈。他们的评价、批评或者建议，都对整个课程的发展有着巨大的推进作用。之前许多精心设计的细节，本已受到了团队上下的首肯，最后还是被一一推翻，未能逃过父母们精明的"法眼"。漫长的调研过程保障了一件事。"3000万词汇倡议"不仅立足于科学，同时也关注用户体验，对于使用者来说，它还是比较通俗易懂的。

谈论该项目的基本理念之前，不得不强调的是，"3000万词汇倡议"立足于严格精密的科学基础。同时，尽管科学具有引领性，但是自身仍在不断地进化。"3000万词汇倡议"并不是建立在人们正在笃行或即将笃行的信条之上，尽管有些信条经过检验后，发现是可以信赖的。我们一心一意地采用精心规划的研究方法来支撑起"3000万词汇倡议"的理论基础。只有这样做，我们的工作内容和手段才符合统计学的科学原理。同样，我们没有采纳具体的数字来验证我们的理论，因为那些数字要么被修改了，要么不具有时效性。

整个团队专心致志地工作，只是为了办好一件事，即帮助父母们用自己的话去理解严密的科学，从而完善儿童大脑的发育。反过来，父母们也可以在科学的基础上自行设计一些家庭活动来开发孩子的大脑。这就是"3000万词汇倡议"团队所秉持的初衷。

没有天生聪慧的孩子：他们的聪慧源自其善于沟通的父母

"3000万词汇倡议"所秉持的基本理念，同时也是科学验证的真理："没有一个天生聪慧的孩子，他们的聪慧源于后天的培养。"即是说，人的才智具有可塑性。

我们与生俱来各种各样的潜能，但要下一番工夫才能挖掘出它们。正如每一颗种子都有潜力成长为玫瑰、牵牛花或绣球花，但最终的结局，还得看它们是否得到了恰当的照料。你找一间阴暗的地下室，用一丁点儿水浇灌这些种子，就能明白我在说什么了。

实践证明，大脑的发育也跟这没什么两样。据科学研究表明，大脑的发育依赖于适宜的环境，只有良好的环境才能给它所需的养分。本书一直谈论的就是大脑发育的过程。"3000万词汇倡议"项目也是这一科学原理所催生的产物，包括我们设计的精美动画和视频。除了向家长灌输早教语言环境的基础知识，动画还告诉家长，儿童的智力发育并不是自动发生的，它很大程度上依赖于父母是否能够提供一个良好的语言环境。

其中的一个动画生动地描绘了"语言影响儿童大脑"的过程。首先，孩子的耳朵接收到语言，然后，语言再俏皮地慢慢流入孩子的大脑，并开始刺激大脑中的神经元。看到这儿，人们不禁会思考，难道这就是儿童大脑发育的过程吗？其实动画只是一个科学的摹写过程。项目进行到某一阶段的时候，有件让我忍俊不禁的趣事很值得分享。某日，一位同事上门家访，女主人热烈地欢迎了同事，并微笑着说："本周，我应该跟孩子的大脑建立了很多的联系。"尽管很搞笑，但是这位妈妈同时也知道她说的是事实。

构建丰富的早教语言环境

如今，我们已经了然于胸，一个语料丰富的早教语言环境对于婴儿和儿童的大脑发育是至关重要的。那么下一个值得团队关注的问题是，如何帮助父母构建一个良好的语言环境。此问题的探究成果同时也是团队的核心战略，即3T原则：共情关注（Tune in）；充分交流

（Talk more）；轮流谈话（Take turns）。为了实现构建良好的语言环境的目标，3T 原则将复杂的、有关大脑发育的科学语言予以简明的阐释，使之转化为通俗易懂的"3000 万词汇倡议"项目。通过它的帮助，父母与子女的纽带会更加紧密。

不得不强调，一个良好的早教语言环境并不单单只跟词汇的输入有关。在这个环境里，父母和孩子的关系会更加亲密。这里并不是要批评不善于表达的父母，相信他们也有其他的情感表达方式。不可否认的是，语言是一个强而有力的媒介。交谈时，人们通过它来显示自己对话题的热衷，此外，语言还可以让我们与他人建立情感的共鸣。

构建一个丰富的语言环境，并不需要人们从忙碌的工作生活中挤出大把的时间。无论平时有多忙，3T 原则都可以融入我们的生活。通过词汇的增添，父母或监护人会发现，整理床铺、削苹果、扫地等日常活动都可以开发孩子的大脑。最终，语言还能改善亲子关系，而不单是开发孩子的智力。

3T 原则	3C 原则（西语翻译）
Tune in 共情关注	Conéctese 共情关注
Talk more 充分交流	Converse Más 充分交流
Take turns 轮流谈话	Comparta Turnos 轮流谈话

不管父母在跟孩子谈论尿布的气味儿也好，花朵的颜色也好，或者三角状的物体时，3T 原则都应参与其中。因为语料丰富的早教语言环境对于孩子的大脑发育有至关重要的作用。

第一个 T：共情关注

在 3T 原则中，"共情关注"是最细微的一条。它要求父母有意识地去观察孩子在关注什么。等时机成熟，父母再跟孩子谈论它。换句话说，孩子关注什么，你就关注什么。哪怕孩子太小了，听不懂大人的话，或者孩子关注的东西一直在变化，父母也应遵循这一条原则，即时对孩子的行为做出回应。这就是通过父母的语言来开发孩子大脑的第一步。假如父母不遵循"共情关注"原则，剩下的原则也不会发生作用。

来看一个例子。

一位慈祥的妈妈或爸爸坐在地板上，手里拿着一本儿童故事书，可能是罗杰的《巨人有不同的大小》(*Giants Come in Different Sizes*)，我的最爱之一。家长拍了拍身旁的地毯，并向孩子微微一笑。这个举动正是家长向孩子发出讯号：这里很舒服，过来听故事。可惜，孩子没有回应，继续摆弄着积木，幻想着堆出一座小塔。这时，妈妈或爸爸再次拍打地毯，"坐过来，这儿有本很棒的故事书，让爸爸（妈妈）念给你听。"

看上去挺不错的，不是吗？有慈爱的爸爸妈妈，再加上一本好故事。孩子还想要什么呢？

实际上，有一部分爸爸妈妈能够觉察孩子的兴趣，加入到了孩子的队伍中。仿佛孩子之前也拍了拍地毯，说道："爸爸妈妈，快过来啊，堆积木可有意思啦。"

换句话说，要共情关注。

在"3000 万词汇倡议"团队设置的情境中，这一切都会发生。

父母仔细地关注孩子的兴趣，再接着加入的话，不仅可以改善亲子关系，通过游戏中的口头交际，还可以提高孩子的游戏技巧，从而达到开发孩子大脑的目的。

这一点非常的重要。当父母参与到孩子感兴趣的活动时，哪怕孩子的热度只持续了五分钟，就转换了注意力，孩子的大脑也能得到开发。因为大脑需要消耗一定的能量才能进行焦点转移。父母们可以询问孩子，"想不想听我读故事书？"这才是有意义的做法。更重要的是，父母还得仔细地关注孩子的回答，即使孩子的回答不成语句，或不是父母所期待的答案。就"共情关注"而言，一切的发现都是有价值的。

探索成人和儿童之间的本质差异能更好地帮助我们理解这一点。作为成年人，我们随时被人要求调整方向，以应对不同的任务。我们会自觉把注意力放到下达的任务上，尽管之前正在做自己喜欢的事情。这就叫成年人的责任感。但是，孩子们没有那么强的执行力，他们只愿关注自己感兴趣的事情。如果他们没有兴趣，无论多么好玩的故事对他们来说都是耳旁风，那么这个故事对于大脑的发育就只有一丁点儿或者完全没有作用了。记单词也是一样。据科学研究表明，如果一个小孩很不情愿地参加了某项活动，那么他就很难学会活动中使用的词汇。

如果让父母和孩子共同参与活动，"共情关注"的效力就能得到强化。比如父母可以跟孩子在地板上玩游戏，让孩子坐在父母的大腿上听父母讲故事，吃饭的时候坐一块儿，或者家长抱起孩子，让孩子从成年人的视角来观察世界的样子。

反之，数字设备是"共情关注"原则的克星。计算机、平板电脑、智能手机很容易使人上瘾，吸引人的注意力。只有父母把注意力集中到孩子身上时，大脑发育的关注力才会产生。

当语言环境构建好了，父母也密切注意着孩子的一举一动，互动的时候也跟孩子使用了丰富的、关怀的话语，这时，"共情关注"就大功告成了，孩子也从中获益良多，他们不仅是学到了词汇那么简单。一个长期接受父母"共情关注"的孩子，他的关注力会更持久，从谈话一直到日后的学习，都会变得更容易。

儿向言语

理想状态下，"共情关注"是一条双行道。正如婴儿发出声响来吸引父母的注意，父母也用同样的方式来获得关注，比如父母会有不同的语气和音调。"儿向言语"，也有人称之为婴儿语或父母语，可用来开发婴儿的大脑。据最近的一项研究表明，如果11～14个月大的婴儿一直在接受儿向言语，那么他们两岁的时候，比起一直接受成人语的同龄人，要多两倍的词汇量。

此外，儿向言语的另一个重要功能在于亲子关系的改善。

尽管不同地域的语言结构不同，但是儿向言语仍风靡于全世界。欧洲、亚洲、非洲、大洋洲，依然保留了它们的土著语言。这些土著语言有的音调优美，语气积极；有的措辞简练；有的韵律动人，如吟唱一般美妙。与平常的方式相比，它们更能吸引孩子的关注。有的父母颇为骄傲，因为他们跟婴儿说的都是成人语。殊不知，成人语并没有让亲子沟通变得容易。只有先吸引婴儿的耳朵，才能让他关注说话的内容，最后关注说话人的身份。通过这样的循循善诱，婴儿才能学会集中注意力，慢慢专心，最后与家长互动。说到底，还是得"共情关注"才行。

重复是儿向言语的重要特征之一。为了找出重复和"共情关注"之间的联系，约翰·霍普金斯大学的学者开展了为期两周的家庭访问项目。他们花了10天时间，研究了16个9个月大的婴儿。每一次拜访，他们会给婴儿播放三个同样的故事。三个故事所使用的词汇都超出了婴儿能够理解的范围。其中，对照组的婴儿不用听故事。

两周之后，婴儿们被带到大学里进行深入的研究。学者给婴儿们播放了两个不同的词汇表录音。第一个词汇表的单词来源于之前的三个故事。第二个词汇表选取的是相对的近义词。研究表明，听过三个故事的婴儿对第一个录音更为敏感，他们可以长时间地专心听录音。而对照组的婴儿之前没有听过故事，对两个录音都反应平平。至此，我们可以得出结论，婴儿听得越多，就对听过的声音越敏感。这样一来，通过大量的听，婴儿们就可以学到词汇。其实，这就是"共情关注"的力量。

"共情关注"的核心目的就是父母的回应。一个小孩未来的成长，比如认知力、情商、自控力、身体健康，等等，都跟母亲的回应紧密相连。父母的回应在孩子成长的头五年显得尤为重要。科学表明，恰当的情感回应对于孩子的行为和大脑发育是很有必要的。

长久以来，尽管为人父母被认为是人的本能，人人都干得了。其实，这个过程并没有说的那般容易。相信这一点会得到身心疲惫的父母的认同。父母的回应，本质上就是"共情关注"，可以概括为以下三个步骤：

1. 观察；
2. 理解；

3. 行动。

婴儿和小孩会使用他们独有的信号让父母了解他们的需要。这些信号可能是语言或非语言的。比如有人问你，听过婴儿的哭声吗？或者，那个小孩啊，应该两岁吧？当我们关注得越多，我们的心就会随之揪起。

理解，通常来说并不那么容易。然而，只有充分理解，才能开展下一步：行动，就是如何去做。比如，孩子到底是累了？饿了？无聊了？还是尿床了？所有的父母都明白，理解不是一朝一夕就能练就的，它是一项需要精心打磨的技能，而且它并不保证绝对的准确。因此，我们需要随时更正它，随时做好补救。

无论孩子的行为出于怎样的目的、是否恰当，父母都应给予孩子温暖的回应。孩子只有感受到了来自父母的温暖，才能茁壮成长。科学研究也证实，所有的孩子都希望得到家长的关怀。温暖的关怀最终能保证孩子平稳地成长。

抚养的压力

婴儿啼哭的原因有很多，但所有婴儿常常会因为以下的隐形原因哭：他感受到了压力。

父母其实也是一样。

关键问题：怎么办呢？

核心答案：回应。回应就是解决的良方。

当婴儿降临到陌生新奇的世界时，他很害怕。这时父母的第一要务就是让婴儿知道他很安全。父母给婴儿上的第一课，也是非常重要的一课，就是告诉他："不要怕，小家伙，爸爸妈妈在这里。"这一课对孩子的人生有着长远的影响。它让孩子知道：生活不会永远晴空万里，偶尔阴霾的时候，总有人会来陪伴你。

孩子们可以承受适当的压力，它的驱使还可以促进个人成长。但一个孩子长期处于紧绷状态的话，压力也会影响他的个人成长。

没人陪伴怎么办？依恋理论

大量的研究报告表明，如果新生儿被晾在一旁，任其哭闹的话，他就会面临"毒"压的危害。只要这种状况一直持续下去，大脑就将遭受负面影响，它最终会引发孩子以下的症状：学习能力弱，情绪管理能力差，自控能力差，无法信任他人。同时，它还会引发孩子成长过程中的健康隐患，例如过度肥胖、糖尿病、冠心病、免疫系统方面的疾病，等等。

反之，如果父母在孩子很小的时候就"共情关注"，同时给予孩子及时的、积极的回应，那么所有的危害将不会发生。这样做不仅利于开发孩子的大脑，还给研究员描述的"依恋"状态打下了基础。根据对不同文化的研究表明，"依恋"状态其实是对亲子关系形成过程的阐释，最终，它对孩子的情商和认知能力的发展具有决定性的作用。

1951年，英国心理学家约翰·鲍尔比（John Bowlby）最先提出了"依恋理论"的假设。以前研究过情绪障碍儿童的经历，促使他想要进一步探究母子关系对孩子的未来社交能力、情商和认知力发展的影响。此外，鲍尔比还借鉴了进化论中的观点：儿童在母性的驱使下去对抗掠夺者。尽管鲍尔比对此观点做了某种程度上的修改，但还是有大量的研究认为，母性或者亲子关系对于儿童的情绪发展有重要的影响。

沟通的色彩

小朋友在学会说话之前,独创了许许多多的表达方式。比如,新生儿的哭声正是一例。如果听不到婴儿的哭声,你怎么知道他饿不饿、累不累、是不是感到无聊和孤单?孩子再大一点,他们就会发出奇怪的声响,或者扮鬼脸来逗乐大人。当孩子能更好地控制自己的反射神经时,他们吸引父母的方式又发生了变化。弓背、乱踢、蜷缩都是他们的吸引手段。我们很确定,孩子们的上述行为都是为了吸引父母的关注。因为他们一边做,一边会把眼神瞥向父母那边。

小婴儿真的很聪明。一个才刚刚爬出母亲子宫的小家伙,就能想出行之有效的花样来吸引父母的关注。这些行为让人觉得孩子很可爱,但隐藏在那些花样背后的真正意图,才真叫人觉得可爱呢。

当然,做父母的也不笨。对于父母来说,最头疼的莫过于透过婴儿的语言来了解他们的需要。

学会婴儿的语言,确实没有那么容易。父母该如何从他们的笑声、哭声,或奇怪的声响中找到沟通的线索呢?孩子们学会用语言来表达后,父母们的"解码"工作也没能轻松多少。看来父母们只有随着时间的推移不断努力,"解码"的错误才会减少。尽管"解码"的难度很大,但父母们千万不能放弃尝试。在尝试的过程中,孩子不仅会从父母那里获得安全感,还会跟父母变得更亲密。整个过程反映了"共情关注"的原理,有利于孩子的大脑发育。

第二个 T：充分交流

第二条原则要求父母多跟孩子交流。交流不能只是零星的话语。交流的目的是让孩子掌握分门别类的词汇，并学会它们的使用方式。

假设人的大脑是一个存钱罐。如果你只满足于往里面塞硬币，即便把它塞满了，你还是付不起大学学费，更别提去医学院了。

同理可得，如果父母只顾往孩子的脑袋里塞入简单的单词，装得再多，它们也无法跟大学水平相提并论。

相反，如果父母让孩子接触到广泛的词汇，长时间的日积月累后，孩子的语言水平会达到一个崭新的高度，自然就能支持他们上大学了。

"充分交流"和"共情关注"是手牵手的好朋友。父母与子女的交流是双向的，它并不是大人主导的单向对话。双方交谈的内容，自然也是子女关注的内容。就双向和单向而言，两者之间存在着细微的差别。站在"3000万词汇倡议"团队的立场，只有父母和子女全身心投入交流，充分交流才能发挥作用。与"共情关注"一样，双向交流对于亲子关系的培育和孩子的大脑发育有着举足轻重的作用。

讲述

当你一边干活一边絮叨手上的活时，成年人是受不了的，以为你疯了。然而，对于孩子来说，这种讲述是让其沉浸于语言环境的好方法。讲述除了能扩展孩子的词汇量，还能让孩子明确知道词汇发音和意义之间的联系。即听到一个词语，就立马知道它所指的是什么东西或事情。洗衣、拧干尿布等父母再熟悉不过的家务，却能帮助孩子开发大脑。当父母在孩子面前说出这些单词，描述起每一项家务时，孩子的大脑同时也在吸纳父母的话，这有助于大脑的开发和亲子依恋的建立。

"妈妈来给你换尿布啦。看看，都湿透了。闻闻，臭死了！"
"来吧，宝贝我们换片新尿布。"
"你看看，不湿啦。来摸摸，是不是又干又软。"
"换了是不是舒服多了？"
"来吧，现在换上你可爱的粉红小裤子。"
"不管你尿不尿床，宝贝，妈妈都爱你。"

此外，讲述还可以让孩子熟悉日常活动的操作步骤。尽管这些活动大部分都是家长代劳的，但讲述最终还是能达到让孩子独立单干的目的。

"到时间刷牙啦，我们谁先来啊？"
"找你的牙刷！你的是紫色的，爸爸的是绿色的。"
"现在我们要把牙膏挤到牙刷上。"
"来，一点儿一点儿挤。干得真棒！"
"好，现在准备刷牙啦。开始刷吧，从上到下，从前往后，咱们每个部分都要刷到。最后，还要刷刷我们的舌头。哈哈，是不是有点儿痒？"

这样一来，父母不仅帮助孩子形成了词汇的意识，还让孩子变得独立起来。还有一个额外的好处是什么呢？那就是未来你的孩子不用去看牙医啦。

平行谈话

"充分交流"的另一方面就是平行谈话。当父母讲述他们正在从事的活动时，平行谈话的焦点就落到了孩子的身上。平行谈话中，"共情关注"也是重要组成部分之一。

"你拿了妈妈的钱包。"
"钱包好沉啊！"
"要不要打开看看里面有啥？"
"嗯，你去找妈妈的钥匙。"
"钥匙可不能吃！它不是食物。"
"你打算用那把钥匙开车吗？"
"那是开门的钥匙。"
"来吧，用钥匙把门打开。"

宝宝一出生，父母就可以开始"讲述"和"平行谈话"了。然而，这些方法并不是万能的，还是存在着一定的局限性。比如，父母说出的句子不能是长难句，也不能向孩子一直重复同样的问题。理想状态下，父母和孩子一边谈论当下发生的事情，一边有眼神的交流。可能的话，父母最好抱着孩子进行交流，这样孩子不仅能吸收词汇，还能感受到家人的温暖。

少用代词

对于成年人来说，代词的使用就像呼吸一般自然。它存活于脑海里，只有我们自己才清楚它的指代关系。注意，如果父母跟孩子讲代词，孩子会感到很困惑：迈克尔叔叔、奶奶、淹死的人？明白了吧。

不仅孩子不理解代词，大人也一样。如果有人对你说，"你能去那儿把那个带回来吗？"你很迷惑，到底要你去哪儿？拿什么东西？同理可得，称谓对孩子的词汇意识和认知理解有非常重要的影响，比如"房屋""车""路""比萨饼"，等等。

如果孩子递给你一幅潦草的图画，你会有怎样的回应呢？

"我喜欢它！" （不，你根本不喜欢。）
"我喜欢你的画！" （是的，你真的喜欢！）

每一种称谓都代表着词汇本身，以及孩子对事物的理解。称谓对孩子的大脑发育也有促进的作用。

上述的所有技巧还有一个好处，即它们适用于不同年龄、词汇水平的孩子。孩子接触到的语言环境越丰富，那他听懂词汇、理解词义的能力就会越强，使用词汇的时候也将会得心应手。

脱离语境的语言：非现时的交流

孩子说话的时候，谈论的都是当下发生的事情。他们看到人、事物，就会立马说出称谓，比如"狗狗""嘘嘘""妈妈"。此外，他们还会描述自己参与的活动，例如"摔倒了""不想睡觉"等。这些词语，指代的都是他们目力所及的物体和行为，我们把它们称为"语境语"。当孩子再大一点，三五岁的时候，他们就会用语言来描述当下没看见或未曾体验的事物，这样的语言叫作"脱离语境的语言"。

能够达到后一个阶段的语言水平，恰恰是孩子智力提升的一个重要标志。此外，理解"脱离语境的语言"并不享有"语境语"的便利，

"语境语"关注的是看得见的人和事物,它还能从人的身体语言、语音、语调中得到暗示。相比之下,"脱离语境的语言"就没有这么多的线索了。它大部分依赖于个人的已知词汇,身边没有人和事物可供参详,这就要求说话人具有高级的思维、信息处理能力和回应能力。当然,这种高阶能力的养成,对于孩子的大脑发育有着不言而喻的重要作用。

跟孩子"充分交流"时,对话中使用"脱离语境的语言"并不是什么难事。只要用双方都熟悉的词语进行交流就可以了。父母可以和孩子聊聊一起做某事的经历、孩子最近喜爱的玩具、以前认识的小伙伴,等等。由于没有直接环境,即语境提供的线索,孩子不得不根据自身的词汇水平来理解未知的概念。如果一个孩子能够很好地理解和回应"脱离语境的语言",那么他在学校的成绩就没什么好担心的了。因为大量的学科都融入了"脱离语境的语言"。由于没有父母从旁解释,孩子只能靠自己的力量披荆斩棘。

言语的拓展、扩充和支架

猜字游戏很适合用来开展婴幼儿时期的亲子对话。到底孩子是怎么告诉父母他想被抱起来的呢?答案是举起双臂。即便他们不用肢体语言,脱口而出的也是一些简单的词汇,比如"坐""牛奶""不",等等。

学习婴幼儿的语言并不是一个被动的过程。人人生来都具备一定的语言天赋,以后能否理解复杂的语言结构取决于个人所处的语言环境。如果一个小朋友日常接收到的,都是得体且富有深意的语言表达,那么以后他肯定能熟练运用听过的表达。

"抱抱我，抱抱我！"

"你想让爸爸把你抱起来？"

久而久之，这段父子的对话会进化为：

"爸爸，我好累，把我抱起来吧。"

孩子很早就学会了用片语和不完整的句子来表达意思。言语拓展就是"充分交流"语境下的衍生物，它指的是以拓展的方式来完整孩子的表达。例如，"狗狗悲"的语义可拓展为"你的狗狗很悲伤"。言语拓展为孩子提供了一种更好的说话方式。靠它交流，孩子可以避免被大人纠正所带来的负面影响。

随着孩子慢慢长大，言语拓展也变得更为复杂。例如"去晚晚"可拓展为"你想睡觉了。太晚了，你也累了。"

言语扩充是在孩子现有的词汇水平上，帮助他们进行更复杂、更深层次的对话。在这个过程中，孩子可能会需要增添一些动词、形容词或介词短语来达到扩充的效果。

比如，"这个冰淇淋的味道不错"可扩充为"这个草莓冰淇淋太好吃了，但真的好凉！"

那么言语支架是如何发挥作用的呢？答案是在父母的回复上增词。举个例子，当孩子说出一个词的时候，父母最好回复孩子两三个词。如果孩子能说出两三个词，父母就可以用短句回复孩子。

言语拓展、扩充和支架都是孩子在表达沟通能力形成之前，父母可以采用的一些打基础的好方法。通过这些方法，父母可以鼓励孩子去探索更详尽、复杂的交流模式，同时还能达到"充分交流"的目的。

第三个 T：轮流谈话

第三条原则叫作"轮流谈话"，它要求父母和孩子在交流时轮流参与谈话。它不仅是亲子交流的黄金准则，还是 3T 原则中最重要的一环，对于开发儿童的大脑起着决定性的作用。为了让"你来我往"的亲子互动成功地开展，父母和子女双方都应积极参与其中。那么父母该如何完成这个目标呢？首先，父母必须"共情关注"孩子的兴趣，然后跟孩子"充分交流"。此外，无论是父母发起的互动，还是父母正在回应孩子发起的互动，成功的关键都在于父母必须耐心等待孩子的回应。这是"轮流谈话"中至关重要的一步。

随着孩子慢慢地长大，父母的"轮流谈话"方式也会发生改变。注意，婴儿在学会说话之前，就能跟父母进行流畅的交流。我们知道，婴儿的啼哭是在告诉父母：尿布湿了需要更换。如果婴儿揉了揉眼睛，说明到点了该睡觉了。和婴儿的沟通，一定得学会解读他们提供的线索才行，得弄明白这些线索背后的意义并给予适当的回应。与婴儿的交流可能不是我们熟悉的模式，但在这样一来一往的互动中，婴儿的智力不仅得到了开发，还建立起了他们对父母的依恋情结。

随着孩子慢慢地学会走路，"轮流谈话"也发生了变化。对于孩子来说，从婴儿时期开始惯用的表情和手势已经过时了，是时候开口说话了。虽然孩子此时说的是自创的词语，或者某些词语的发音不完整，或者偶尔才说一些父母可以理解的词语，但父母一定要抓住他们的语言信号，好好地回应后，再耐心等待孩子的回应。在这个阶段，父母能否做到这一点显得尤为重要。注意，新手父母常常喜欢没话找话，也许他们要过很久才能慢慢形成回应孩子的意识。为什么回应尤为重要？因为它能让孩子接触到更多的话语。如果父母没能好好地回应，那么亲子之间的交流可能就此中断。如果父母能多给孩子一点儿时间来搜寻回应的词语，那么"轮流谈话"就能达到事半功倍的效果。

"轮流谈话"中，并不是所有的话语都有利于它的开展。例如"这是什么？""球的颜色是什么？""牛怎么说？"等询问"什么"类别的疑问句，对于谈话的轮替，以及孩子词汇的积累是没有益处的。因为问题的答案孩子都知道，他们只需要在作答的时候搜索脑海里那个熟悉的单词就可以了。同样，用"是"或者"否"作答的一般疑问句，对于交流的开展也没有什么帮助。因为在简单的问答中，孩子是学不到新东西的。

相比之下，开放式的问题能够完美实现"轮流谈话"的目的。特别是对于小朋友而言，发起或展开一个话题是他们的拿手好戏。家长只需将"怎么办"和"为什么"抛给孩子，就足以让他们在思维的世界里天马行空了。最后，孩子会抛出一连串的话语、想法和鬼主意来当作问题的回应。他们绝不会以点头或伸手指的方式来回应家长的问题。所以，开放式的问题能够让孩子开始独立的思考，最终，孩子会逐渐学会如何独立地解决问题。

3T 原则和 LENA 让项目更顺利

前几章我们已经讨论了数字科技的弊端，不利于亲子关系的培育就是其带来的负面影响之一。电子邮件、苹果手机、掌上新闻的横空出世使得父母与孩子渐行渐远。话虽如此，也不能否认数字科技给

"3000万词汇倡议"团队的工作提供了不少便利。

LENA：语境分析系统

LENA（Language Environment Analysis System）是语境分析系统的缩写。它为儿童的语言环境研究打开了一扇明亮的窗户。LENA 是一个小巧的数码录音设备，本质上是一个单词计数器。孩子们可以把它放入衣服口袋里随身携带。磨损状态下，LENA 依旧可以监听周围的语音环境，最长可持续录音达 16 个小时。LENA 记录的音频数据会被上传到电脑中，用来跟以前的数据进行对比的研究。

特里·保罗（Terry Paul）研发了 LENA，他是一名成功的企业家。特里和他的妻子朱迪一起创办了复兴教育科技公司。这间公司主要从事教育科技用品的研发，致力于提高孩子们的数学技能和读写能力。尽管特里的事业取得了成功，但是他仍觉得自己做得还远远不够。据说，某日他读了哈特和里斯利的《意义深远的差距》(*Meaningful Differences*) 之后，便立马想通了未来的发展方向：研发一种可以测量儿童身处的语言环境的技术。他最喜欢的一句话是，"没有测量就没有改变！"

就像计步器是用来鼓励人们多进行长期的体能锻炼，LENA 除了为研究员带来儿童语言环境的反馈，还是改善儿童语言环境的重要工具。父母们拿到 LENA 后，可以帮孩子们设定一个目标，接着再跟踪进度，最后评估孩子们的完成情况。LENA 还可以调动孩子们的积极性。当孩子们的表现不佳时，随身携带的 LENA 可以督促他们完成目标，当孩子们完成目标或表现超出预期时，LENA 的数据可以给予孩子们鼓励。

"3000万词汇倡议"团队一开始使用LENA，是为了调查研发课程的使用状况，看看它是否帮助了更多的父母与子女进行交流。尽管调查结果尚可，我们仍发现使用人数的增长只是暂时的。从人数的增长曲线来看，确实存在着一个激增，但不久之后就会跌落谷底。这样的结果并没有使人丧气，反而督促我们开始思考：也许应该让父母们看看这个调查结果。于是，团队成员与父母们进行了大量的沟通，试图从他们那里得到一些建议。从此以后，不仅团队的工作开展得越发顺利，整个团队的建设也变得焕然一新。

团队的原动力

如果婴儿没有奶吃，大人总会找一些替代的营养品，让小宝宝得以健康地成长。那么什么样的营养品能充分挖掘人类大脑的潜能呢？答案很简单，人类大脑的营养源来自于一个良好的早教语言环境。在这个环境中，孩子的大脑会吸收来自父母的温暖话语和回应。据科学研究表明，目前还没有比这更好的方法来开发儿童的大脑。对于"3000万词汇倡议"团队而言，开发儿童大脑的所有潜能是我们持之以恒的原始动力，因为我们不仅是研究员，同时还为人父母。我们的目标很明确，就是要帮助孩子们。

第二部分　3T原则的实践过程

之前提过，团队坚信儿童的大脑具有可塑性和延展性。团队的核心理念是 3T 原则。我们对 3T 原则能够开发儿童的大脑一事表示深信不疑，它能让孩子们的智力达到最佳水平。因此，团队研发的课程主要用来优化孩子们接触的语言环境，它针对的是 0～3 岁的低龄儿童。此外，3T 原则并不单单只在语言层面上发挥作用，它还适用于各种各样的领域，例如在数学概念、读写能力、自我管理、执行力、批判性思维、情商、创造力和意志力培养方面，3T 原则也能发挥相当的引领作用。

分享阅读

从宝宝出生那天起，父母就跟他交流的话，其实就为宝宝打下了良好的沟通基础。同理，如果宝宝出生时就听到父母的读书声，这不仅能提前培养他的读写能力，还能让他滋生对阅读的兴趣。不得不提醒我们的父母，阅读和交流一样地重要。父母选择怎样的阅读方式、给孩子阅读的量，都对他们日后在学校的学习成绩，甚至人生方向有重大的影响。

阅读之于孩子的重要性，早已是老生常谈了。有很多组织机构，例如读者俱乐部、彩虹计划，等等，长年呼吁公众进行大量的阅读，并持续推广阅读的益处。2014 年，美国儿科协会宣称，孩子们一出生，父母们就该给他们读书了。

目前，有大量的科学依据支撑着此论断。科学研究表明，如果父母一开始就给孩子读书，到孩子上幼儿园的时候，相较于同龄人，他的词汇量会更大，数学能力也更出色。还有研究表明，本身就热爱阅读的父母会对孩子有积极的影响，孩子也因此会对阅读产生浓厚的兴趣，未来可能比他的父母还要热爱阅读。

尽管有很多父母意识到了阅读的重要性，但很多参与团队项目的父母起先并不赞同给孩子读书。他们的理由如下：

"我儿子坐不住的。"
"我女儿老想自己拿书看。"
"我还没读完一页，女儿就想翻篇了。"
"儿子总是打断我，老说一些书里的情节。"

对于妈妈们的苦恼，我们表示理解。在她们的心中，理想的阅读应该是这样的：孩子安安静静地坐着，专心地听妈妈读书。其实，这样的阅读模式恰恰没有任何的意义。妈妈们必须注意，当孩子们在听的过程中分心时，正好是采取"共情关注"的最佳时机。

阅读中的3T原则

家庭中的"故事"模式往往一成不变：父母负责阅读，孩子扮演安静的听众。然而在格罗弗博士看来，角色分配理应发生一点儿变化。格罗弗博士从事着一个语言项目的研究，该项目鼓励孩子在父母讲故事时，掌握更多的主动权，比如多向父母提问、谈论他们的所见所闻，以及对故事的看法。如果孩子能做到这一点，他们就能学会自己讲故事，而父母就成为他们的听众。"3000万词汇倡议"团队借鉴了这一方法，并给它重新起了一个名字：分享阅读。

来看一个例子：

爸爸（或妈妈）的腿上摊着一本故事书，刚好打开的是第一页。

通常来说，这表示家长马上要给孩子讲故事了。但3T原则的介入，使这一寻常的阅读过程发生了一点儿变化。父母一边给孩子读故事，一边敏锐地观察孩子，为的是看看哪一部分的情节最吸引孩子的注意力，然后再因此做出相对的调整。换句话说，"共情关注"是阅读过程中的关键。因此，孩子能够轻松愉快地从故事中学到知识，而不用强迫自己去关注不感兴趣的情节。

"充分交流"是分享阅读的第二步。它对于孩子智力开发的益处其实很好理解。孩子一天天地长大，父母跟孩子交流的内容也会发生一定的变化。比如同样是讲故事，目的就不是让孩子学习故事中的词汇那样简单了。那时，父母可以跟孩子讨论故事的内容，想象一下情节的发展，讨论这些情节会对角色的命运产生怎样的影响。这样一来，孩子会觉得故事变得更有意思。尽管故事书里出现的是一些简单、生活化的词汇，但它们偶尔也会使用一些较难的、不常见的词汇，比如"蹦蹦跳跳""淘气""魔法"，等等。一旦出现这些生词，父母跟孩子讨论故事的时候就要反复地重复它们，这样一来，孩子就会加深对它们的印象。

"熊宝宝正在桌子的边上。"

"它的麦片粥正在冒热气，好烫啊。现在让它喝，你觉得可以吗？"

"也许它应该等粥凉了再喝。"

"天哪！金发姑娘坐上了熊宝宝的椅子！椅子被她压成了一堆碎片。简直是一团糟！"

孩子稍大一点，父母跟他"充分交流"的同时，还可以进行"轮流谈话"。比如父母可以给孩子抛出一些开放式的问题，像故事所引发的思考、对于故事的感受，等等。由于不能直接从书本上找到现成的答案，孩子必须不断地反思和推敲，才能得出自己的答案。此外，他们还得依靠自己丰富的想象力，在幻想的世界中天马行空，这样也有助于答案的找寻。其实，这个过程正是使用"脱离语境的语言"的良机。

"如果金发姑娘坐在熊宝宝的椅子上会发生什么呢？"
"她该不该去坐那个椅子啊？为什么呢？"
"熊宝宝一家回来后，会发生怎样的故事呢？"
"熊宝宝看到椅子坏了，它会怎么办呢？"
"如果熊宝宝一家发现了金发姑娘，他们会对她说些什么呢？"

"轮流谈话"是分享阅读过程中的又一重要特征。我们常常会看到这样的情景：孩子时而用手指着感兴趣的图画，时而拍拍小手，时而翻翻书页，时而向父母提问或者回应父母的问题。诸如此类的情景正是亲子之间"轮流谈话"的好机会。

所谓分享阅读，并不是不让父母给孩子读故事。如果一个小宝宝爬上了爸爸（妈妈）的大腿，就想安安静静地听故事，那么家长没理由不去满足他的愿望。我们只是认为，在读书的过程中，父母和孩子还可以有更多的互动。事实上，如果孩子只想听故事，其实也为父母提供了"共情关注"的好机会。

给小宝宝读书

美国儿科协会和"3000万词汇倡议"团队一致认为，只需做轻微的调整，父母就可以跟小宝宝分享阅读的乐趣，读书给他们听。尽管小宝宝听不懂单词，但是并不妨碍他们从父母温暖的语音、舒缓的节奏、温柔的抚摸中得到安慰。对小宝宝来说，听故事的动力也许来源于父母慈爱的声音，但句子中单词的排列组合，却早早地给他们上了一课：语言是以这样的方式起作用的。

对于新生儿来说，理解并不是听书的目的。所以家长在选择阅读材料的时候，不一定每次都选择儿童故事书。家长可以给孩子读新闻，或者选一本自己很想读，但一直抽不出空来读的畅销书。对此，家长不要想太多，你们只需翻开第一页，大声地读给小宝宝听就可以了。

小宝宝差不多四个月大的时候，就开始对阅读产生兴趣了。虽然小宝宝只把注意力集中在了书本身上，不想听内容，父母还是要"共情关注"小宝宝感兴趣的东西，并尝试着进行交流。

"宝贝，你把书拿好。现在可以看清书上的画儿了。画的是什么呢？是一条小狗。那又是什么呢？画的一辆小车，对吗？"

"宝贝，仔细听听你用小手拍打书页的声音。你每次拍都会笑。妈妈也要拍了，看妈妈也在笑呢。"

"宝贝，把书扔地上很好玩，是吧？你每扔一次，爸爸就要捡一次。是不是很好玩？来，我们再扔一次！"

文字意识

大量的研究报告表明，给孩子读书，能帮助他们的大脑形成结实的词汇网络。此外，还有一个关键因素决定着孩子阅读能力的形成：文字意识。

在还在学走路的宝宝们的眼里，字母的组合不具有任何实际的意义，不过是一堆线条罢了。要想让宝宝们学会阅读，首先要让他们明白，这些线条是由有声字母组合而成的词语。

父母可以借助手势来让孩子们理解这一点。当父母指着正在读的文字时，孩子就会明白读音和字形之间的对应联系。此外，这样做还能让孩子意识到阅读的顺序，例如英文的阅读顺序是从左往右，从上到下；字与字之间都用空格或者句号隔开。等孩子再大一点，阅读过程中难免会碰到生词，这时父母仍然可以使用手势，一手指着生词，一边慢慢地读，让孩子建立对应的联系。同理，这个过程也能让孩子发现书中的文本和插画之间的联系，这样一来，不仅预先给孩子打好了阅读的基础，还能让他们获取文字意识。

文字意识所能带来的巨大益处现已得到大量研究的验证。然而，有些父母并未借助手势来培养孩子的文字意识。比起他们，那些在父母的帮助下接触了大量文本，形成了良好的文字意识的孩子，在高级阅读、拼写、阅读理解的学习中会更有优势。

"讲"故事不是"读"故事那么简单

在父母的帮助下，孩子们从书中收获了一些词汇以及单词的拼写方式。这些教育成果完全可以在口语活动，即"讲故事"中予以体现。据研究表明，父母的口语叙述与孩子未来的语言能力、学习能力之间是有联系的。三四岁孩子的父母之前已经接受了团队的口语训练，讲故事的技巧因此得到了提高。之后，父母在"脱离语境的语言"上也取得了长足的进步。这样一来就为孩子未来的词汇学习打下了坚实的基础。

讲故事不仅仅是读故事书那样简单。这里的故事，不再是幻想中的城堡、美丽的公主或者漂浮在太空中的小狗。当然，那些描述也属于故事的一类。我们讲的故事恰好与他们的日常生活息息相关。故事材料可能源于去杂货店购物的经历、在公园散步的日常、开车去镇上或者在浴缸中洗澡，等等。尽管内容很平淡乏味，但如果孩子是故事里的主角，那么父母就能吸引他们的关注。

父母依然可以借助 3T 原则来讲故事。如果故事的内容是孩子有过的经历，那么它不仅会赢得孩子的关注，还能鼓励他们参与故事的讨论。父母一边与孩子交流这些经历，一边可以鼓励孩子增添一些细节，或者谈一谈想法。这样一来，"共情关注"和"轮流谈话"就再次发挥了效力。当然，父母可以提出一些开放式问题来展开谈话，比如"你认为接下来还会发生什么？""你觉得他们去哪儿啦？""为什么他们要那样做呢？"，等等。这些问题可以激发孩子的想象力，提升他们的词汇水平，甚至可以让他们得到深度思考的锻炼。

随着孩子一天天地长大，他们对于故事的参与度也会渐渐地提高。同时，父母也应该意识到这一点，既然孩子已经大到足以参与故事的讨论，就不能用以前给婴儿讲故事的模式来对待他们了。这个阶段，讲故事对于孩子的智力发育尤为重要。大一点的孩子可以实现"轮流谈话"，细述故事了。家长甚至可以让孩子发挥想象力，让他们"添油加醋"。父母一边听孩子的叙述，一边可以向孩子提出一些深层次的问题。比如可以询问他们对故事的主题、中心思想的看法。这样一来，3T 原则再次发挥了效力，孩子能够活跃地参与到故事的讨论中来。

此外，讲故事还能帮助小朋友们理解复杂的情感。从滑梯上摔下来一次，孩子可能从此会对它产生畏惧心理。心爱的宠物死了，孩子感到非常的难过，却找不到情绪的出口。上述的种种情形都能通过故事予以再现。在父母讲述的过程中，孩子不仅能了解到事情的来龙去脉，还能逐步感受到故事背后的情感，最后在父母的引领下，慢慢地学会释怀，从而抚平过去的伤痛。长此以往，孩子会渐渐地理解各种各样的情感，学会表达情感，甚至能够进行情绪管理。

3T 原则和数学

"3000万词汇倡议"团队的数学单元自出品以来，反响热烈，受到父母们的极大推崇。数学单元的研发初衷是帮助父母们利用语言的力量来打好孩子的数学基础。该课程的目标明确，父母操作起来也十分便利。其实课程内容对于父母来说一点儿也不难，很多人甚至发现自己早已在生活中运用其中的原理。该课程的新奇之处在于，它是通过语言的方式来跟孩子们谈论数学。等孩子们进入学校之后，就会发现自己已经打下了良好的数学基础。

课程内容主要涵盖了一些数学的基础板块，这些板块对于孩子的数学启蒙非常关键。它们包括数字的介绍、数字的运算、几何基础、空间推理、测量单位和数据。课程板块的内容设计巧妙，孩子们在不知不觉中就能打好数学的基础。

如果有陌生人抱起一个小婴儿，一般来讲，小婴儿会变得很焦躁。其实，小婴儿之所以会排斥陌生人就在于他运用了数学原理：作对比、建联系和区别。小婴儿的数学思维如下：

熟悉的气味＝好人

不熟悉的气味＝坏人

小婴儿借助了一定的数学技能才得出了这个结论：集合和组织信息。随着他慢慢长大，这种技能会进化成为一种能力：分类和排列。这种能力有助于孩子进行逻辑思考，从而理性地看待世界。

小孩闹着要吃更多的冰激凌，其实是在运用数学的另一个概念：比较测量。

一个三岁的小孩蹦蹦跳跳地唱着老麦克唐纳的儿歌，他每次都踩准了节拍，准确地唱着"E-I-E-I-O"这一反复唱段。小孩之所以能唱准，在于他明白一个核心的数学概念：模式。能够准确地分辨模式有利于培养孩子解决问题的能力和对问题的预估能力。

要想打好孩子的数学基础，首先应该从数字和计数着手。说到计数，一般人小的时候都是靠死记硬背学会的，他们既不理解每一个数字都表示着完整的数量，也不明白相邻数字之间的关系。换句话说，他们不知道为什么10比6和2要大。他们没想过这是因为10排在了6和2的后面。随着人慢慢长大，我们渐渐理解了数量的概念。比如数字"4"代表的是数量为4，比如盘子里有4块饼干。数学语言里，这个概念叫作基数。它对于孩子后期数学能力的成长非常重要。

数字不仅用来叠加，还代表着单个元素的数量。每个数字都相对于其他数字存在，都可以用于测量。数字甚至还作为标识被人们使用。为了学好数学，孩子得明白数字在这些范畴里是怎么发挥作用的。关于这一点，3T原则可以帮助大家扫除学习的障碍。

随处可见的数字：如何左右你的思想

生活中随处可见数字。信封上、靴子的内侧、电视机遥控器上都有它的身影。如果孩子看到的数字越多，能认出的也越多的话，相信不久之后他们就能独立辨认所有的数字。

换尿布的时候，数一数宝宝的脚趾头。数一数孩子餐盘上的奶酪，边数边用手指。再让一个学前儿童数一数他上楼梯的步子。孩子稍大一点，父母就可以开始数物品了，边数边指："这儿有 10 辆玩具车，1，2，3，4……"这些活动可以帮助孩子掌握基数的概念，让他们明白，每个东西只能数一次，而且数字在代表物品的时候要用量词表示。

这些活动的开展很简单，任何时候都可以开展。吃饭、玩耍的时候都可以跟孩子欢乐地数数。同时，别忘了活动中的 3T 原则。

- **共情关注**：早上，妈妈发现孩子想要自己穿衣服。
- **充分交流**："你的小裤子上有 5 个扣子，能帮妈妈把它们数出来吗？1 个，2 个，3 个，4 个，5 个。好了，5 个扣子都扣好了，现在你可以去上学啦！"
- **轮流谈话**：让孩子负责扣纽扣，而妈妈负责数数。1 个，2 个，3 个，……

对于大一点的孩子，可以在数数中增添一些简单的加减法。"你有 2 块饼干，妈妈也有 2 块饼干。咱们一共有 4 块饼干。"这样一来，孩子又可以学到额外的数学概念。

语言对几何学习的重要意义

不管你信不信，孩子们都能从几何中找到乐趣。因为几何跟孩子们的日常息息相关。用积木堆一个小塔、拼拼图或者是把五颜六色的沙袋投掷到篮子里的游戏等都是几何。对于孩子们来说，没有比这更棒的了。孩子们在摆弄形状、空间和定位中不仅可以获得几何的乐趣，同时还打下了坚实的数学基础。

没有比用3T原则来谈论形状关系更好的开头了。孩子们身处的环境，随处有很棒的几何教学实例。比如厨房的门是长方形，餐盘是圆形，画框是正方形，而瓷砖是三角形。另外，有一些事物的结构复杂，整体形状里还包含着其他形状。例如，单看一个枕头是正方形，但枕套上面还点缀着圆点的花样。冰箱是一个高高的长方形，附着两扇小小的长门。孩子们的生活中，随处都包裹着数字和几何：公园的长凳、双层巴士、超市架子上的罐头、圆锥形的冰激凌。

之前，我们已经讨论过了学习几何的重要性。但空间推理对大家来说可能是一个陌生的概念。它指的是一种空间想象能力。人从不同的角度去观察物体，物体会呈现出不同的形状。然后人在大脑里建立起物体的图像，自由地想象、操控它的移动。这种能力在我们的日常生活中也常常出现，例如系鞋带、打包剩饭剩菜、挤公交车，等等。对于孩子们来说，空间想象能力的用途体现在拼图游戏、堆玩具或者攀爬游乐场的设施上。

描述空间的词汇其实就包括了形状的词汇。比如"长方形"和"正方形"。此外，还有一些描述形状的词，比如"弯曲的""直的""高的""短的"和"之字形"，等等。

这些词汇恰恰表明了语言的重要性。根据苏珊·莱文的研究，如果孩子在两岁的时候尽可能多地掌握空间词汇，到他四岁半的时候，比起其他孩子，他的空间推理能力会强得多。

空间推理能力也是外科医生的一把无形手术刀。当外科医生进入手术室时，首先会在脑海里把病人的身体解剖一遍，看看哪些部位出了问题，而哪些部位是手术成功的关键。一想到这种能力的形成可能源于三岁时或更小的时候玩的拼图游戏，就觉得很有意思。

即便小朋友不想当外科医生，玩玩拼图、堆堆积木或者调整书架上的书本摆放位置，也对空间推理能力的形成有重要的意义。科学研究表明，空间推理能力不仅有利于孩子们独立解决问题，未来还可以帮助孩子们在阅读、科技、工程、数学领域取得成功。尽管孩子们长大以后还有空间推理能力的开发潜力，但如果能在他们小时候就开始培养的话，还可以强化他们的数学基础。

3T 原则与空间能力

如果将 3T 原则融入空间谈话之中，就能高效地开发孩子的空间能力。父母只需要找寻合适的机会和孩子开展空间的交流就可以了。谈话时，父母可以使用一些相关的词汇，比如"大"和"小"、"正方形"和"圆形"、"平的"和"弯曲的"，等等。亲子活动中可以采用很多游戏，例如堆积木、画画、拼图，等等。此外，日常生活中，整理床铺、收拾玩具等都是进行空间谈话的好机会。

给孩子洗澡的时候，也是一个利用 3T 原则培养孩子空间能力的良机。

> ☉ **共情关注**：一个喜欢浴缸里满是泡沫的孩子。
> ☉ **充分交流**："泡沫就像是一床巨大的白色被子。现在，看看你手臂上的泡沫，它们排成了直线的样子。哇，你看，我找到了一个圆圆的泡泡岛，它的四周环水。现在泡泡岛靠近了你的手，但

> 离你的脚趾还很远。你看，它是圆的。你还能在水里找到其他的圆形吗？能找到正方形吗？哈哈，有点儿难了吧，那儿有高山吗？"
>
> ⑨ **轮流谈话**："看看，你满手都是泡沫。这里是不是有很多的泡沫啊？再看看泡沫的形状是什么样的啊？对，它们是圆形的。看看泡沫中的肥皂，什么样子？长方形的样子，对吗？你的毛巾是正方形。现在，咱们把肥皂放在毛巾里面。你看看，现在正方形里包含着一个长方形啦。"

终有一天，一切的付出都会换来丰厚的回报。当孩子的数学和空间推理能力酝酿到一定程度的时候，他就能敲开许多机会之门，开展精彩的职业生涯。

测量语言中的长度、高度和重量

测量是我们日常生活中不可缺少的一部分。因此，让孩子早日接触相关的基础知识还是很有意义的。测量在生活中的应用广泛，从做饭、洗衣步骤的计算一直到餐盘上的晚餐分量，全都离不开它。当我们搭建书架、扣篮或者计算该付多少停车费的时候，我们仍在进行测量。

就日常的生活经验来看，语言是孩子首次接触到测量的媒介。

"能让你的小火车开快点吗？"
"天哪，你建的塔可真高。"
"这个箱子好沉啊，我搬不动它。"

"这根儿意大利面真的很长。"

当孩子对于量词，例如长度、重量、高度、速度等有了一定的概念后，父母可以采取比较的方式，让他们深入学习测量的知识。

"哪一列小火车跑得更快啊？"
"哇，你的小塔堆得比家里的灯还高。"
"也许我该抬那个小箱子。这个太重了，我根本抬不动。"
"这根意大利面比碟子还长。"

还有：

"你都长这么大了，现在可塞不进你的小猴衬衫了。你得穿大一些的衬衫才行。"
"早餐前你的杯子还是满的，现在却空了。你喝光了吧？"
"你把球扔得可真远！我可扔不了那么远。看看咱俩的球，挨得近吗？"
"你来搭把手，我们就可以做蛋糕吃了。杯子在这里，你能把它装满面粉吗？太好了，现在我们需要一些糖。嗯，不需要像面粉那么多，半杯糖就够了。你能把这半杯装满吗？好极了，我真喜欢跟你一起烘焙。"

比较的表达，比如"大""小""满"和"空"，可以帮助孩子理解一些比较的概念，例如"一样"和"不同""多"和"少"，等等。

指导孩子：收集和理解数据

尽管对于孩子们而言，理解数据似乎并没有多大的实际意义。实际上，数据是打好数学基础的又一重要环节，它早已变成孩子们日常生活中的一部分了。为了理解世界，孩子们不仅需要观察世界的动态，还必须收集信息，即数据才行。这些数据有可能关于生活中碰到的人、动物或者某日的天气状况、房间里的陈设、通心粉的味道，等等。换句话说，数据包罗万象，什么都有。说到底，最要紧的还是看孩子们如何透过数据，来理解他们生活的这个世界，找到自身的定位。

当你喂小宝宝一种新的食品，他不喜欢吃，对你使脸色，最后把食物吐出来的时候，你会发现，数据的收集和分析很早就开始了。或者当小朋友不得不从两块大小不一的饼干中进行选择时，你也能得出这一结论。或者当一个小妹妹切水果，把小的那份给她弟弟的时候，或者上幼儿园的小家伙把他的玩具车跟爸爸的大货车比大小的时候，你都会发现，数据时时刻刻影响着我们的生活。

- **共情关注**：一个小孩儿在客厅里穿着爸爸的靴子走来走去。
- **充分交流**："宝贝，你穿的是爸爸的靴子，对你来说太大了！爸爸有一双大脚，他需要穿大靴子。看看你自己的脚，跟爸爸的比比，你的脚比他的小多了。"
- **轮流谈话**："哪双靴子更大？爸爸的还是你的？对了，爸爸的靴子可比你的大多了。不过，你的小脚还会长大的。这就是我们上周给你买新靴子的原因，之前的靴子对你来说太小了呀。"

语言与儿童的模式培养

各种各样的信息、数据都存在着细微的差别，正是这些细微的差别告诉我们，任何事物的存在都有迹可循，换言之，事物都有其所属的模式。如果孩子们能意识到这一点，就能认清不同的模式。如果他们最后还能创造模式的话，那说明孩子们已经具有清晰的逻辑思考和对事物进行预估的能力了。这不仅可以提高数学成绩，还能让他们进一步感知日常生活。总而言之，模式能够让孩子们学会计数、阅读、音乐和报时。

成人们无时无刻不在使用模式。为了制定成功的营销策略，企业家必须熟悉销售的模式；为了研发软件，信息技术员使用固定模式的代码。垃圾清洁工在工作的时候，沿着固定的路线回收垃圾，这个路线就属于方位的模式。医生也是根据身体健康的模式，来给病人确诊。

孩子们使用模式的方式与成人基本一致。比如小婴儿可以预见，换了尿布之后，爸爸还会来给他换床单。孩子也很清楚，吃完午饭后马上就该睡午觉了。幼儿园的孩子还知道，爸爸妈妈下班后就会回家吃晚饭。这些事情之所以可以提前预见，是因为每个人，包括小婴儿都明白，日常生活自有它运行的一套模式。其实，正因为孩子很熟悉生活的模式，所以才能从日常活动中得到安慰。当孩子清楚下一刻会发生什么的时候，他才能专心地学习。

不言而喻，3T原则可以教导孩子关于模式的知识。小宝宝喜欢听重复在耳旁的声音。所以当宝宝咿呀学语的时候，就让他尽可能地多听悦耳的声音。孩子喜欢唱唱跳跳，就给他唱一首熟悉的歌。最好给孩子挑一首带有舞蹈节奏的、副歌不断重复的歌曲。这样一来，就可以鼓励孩子跟你一起唱。带孩子去公园玩的时候，父母可以轮流和孩子探索游乐设施的模式。生活中也随处可见模式的身影，比如洗衣服的时候、吃饭的时候、去动物园玩耍的时候，等等。父母一定要抓住这些机会，跟孩子进行交流。

最后，还得提醒各位父母关于数学的重要性。哈佛大学教育学院的黛博拉教授曾经写道，"据科学研究表明，孩子们入学后，他们的数学技能很大程度上决定他们是否能取得优异的学习成绩。还有一项研究表明，幼儿园时期就开始学数学的孩子，他们的阅读水平也不会差，至少可以保持到小学三年级。可是，尽管孩子们读幼儿园的时候就学习数学的入门知识，但是未来他们还是会处于不利的地位。"与此相反，如果家长在入学前就在孩子们的心中埋下了数学的种子，那么入学后，他们就会发现自己已经赢在了起跑线上。

基于过程的称赞

我们都想要孩子具备以下的能力和素质：充分挖掘自身的潜能、稳定性、生产力、同情心、建设性，当然，还希望他们面对困难时能做到坚持不懈。有两个孩子，一个非常努力，对于目标从不放弃。另一个起初也很努力，但在经历失败后就停止了前进的步伐。问题来了，这两个孩子有哪些区别呢？

正如我们之前讨论过，称赞是关键。

有一些父母担忧，过多的称赞会让孩子变得飘飘然，目中无人。

在我们的帮助下，父母们明白了一个道理，孩子们都渴望从父母那儿得到肯定和支持。他们希望父母关注自己正在做的事情，并得到称赞。但是，大多数的妈妈也得明白，并不是所有的称赞都能达到理想的效果。卡罗尔·德韦克教授的著作里曾经提到，目前存在着两种类型的称赞。

- 基于个人的称赞（以孩子为核心的称赞）："你真是太聪明了！"
- 基于过程的称赞（以孩子的努力过程为核心的称赞）："你一直很努力地拼图，现在终于完成了，真棒！"

研究表明，如果孩子们更多听到的是基于过程的称赞，那么他们在面对挑战的时候，就不会轻言放弃，会坚持在学习和生活中做到更好。

一个小朋友正在拼图，他的妈妈在一旁关注着游戏的进行。为了填上一个缺口，小朋友一直不停地试，直到找到了需要的那块儿拼图。这时，妈妈称赞了孩子在拼图过程中的不断努力。

"妈妈很高兴看到你一直不停地努力，直到找到正确的拼图。这说明你的意志很坚定。恭喜你终于找到了！"

这时，孩子就会懂得，不放弃也是一种力量。

那么父母该如何把基于过程的称赞融入日常的亲子互动呢？答案很简单，找寻让孩子转变的恰当时机。切记，在小朋友了解到什么是"良好表现"后，父母就要在生活中多多留心，一看到范例就抓住机会对孩子进行教育。当然，对孩子的"共情关注"也不能少。俗语有云,"好事不出门,坏事传千里。"父母们往往不经意间就能发现孩子们的过错。但如果孩子正在做一件好事,而父母没有注意到的话,就平白地流失了一次称赞孩子的机会。所以还是要抓住适时称赞孩子的机会,这样做还能强化他们的"好"意识。

"宝贝吃饭可真乖,爸爸以你为荣!"
"你画画可真专心,我喜欢你正在用的所有颜色,真美。"
"如果你轻轻地抚摸小猫,它会很高兴的。它的叫声说明它现在感觉很舒服。"

父母给孩子的称赞越细致、次数越多的话,孩子就越容易理解。更重要的是,他们会理解什么是良好的表现。

自制力和执行力

智力是很重要,但如果一个孩子根本就坐不住,不听从大人的指挥、控制不好自己的情绪的话,无论他有多聪明,成绩都不会好的。而执行功能,恰恰例证了建立早教语言环境的重要性。监护人的话语不仅能开发孩子的大脑,还能规范他们的行为表现。

"3000万词汇倡议"团队的课程中,最初没有纳入执行功能的部分。这一部分的课程其实是由参与团队研究项目的妈妈们提出的,这件事也说明了家长对于我们的团队建设有很大的帮助。尽管妈妈们非常认可团队的理念:为孩子建立丰富的早教语言环境,但她们对团队还有更高的期望,希望我们找出让孩子守规矩、举止得体的方法。

妈妈们的建议可谓是一针见血。如果孩子们想在学校里取得优异的成绩，光聪明是远远不够的。孩子们也许在家学会了从 1 数到 50，唱 ABC 字母歌，甚至学会读一些基础的单词。但如果他们不能端正坐好，听从指令，或者控制好自己的脾气的话，他们在幼儿园的第一天就不能好好学习。没有强大的执行功能和自制力，单靠"智力"因素孤军奋战是不科学的。

父母们该采取怎样的措施来帮助孩子们提高执行功能和自制力呢？

答案很简单，靠话语。

话语不但可以开发孩子的大脑，还能规范孩子的行为。

人人都想尝试从未做过的事情。比如有人想鼓起勇气斥责柜台后面那个粗鲁的营业员，想吃完冰箱里那块坏了的巧克力蛋糕，还想对中途把人扔下高速公路的司机竖起中指。这些行为的动机都是人性的一部分。当这些不愉快的事情发生时，我们应该学会控制自己的情绪，抵制住内心狂躁的冲动。在这样的情形下，能够使人平复心绪的力量就叫作自制力。

如果每个人一生下来就有自制力的话，那么世界将会变得更加美好。到底是什么原因使有些人能够管理好自己的情绪而有些人又不能控制呢？原因可能是后者长期在家里备受压力。压力过大，会影响婴儿和孩子的皮质醇水平，它接着就会导致孩子情绪失控。即使孩子在家没有受到压力的影响，自制力的学习也仍然是一个漫长的过程。鉴于此，话语的作用就真的太重要了。

孩子一般都由父母亲自管教。父母常常告诫他们，要记得归还朋友的玩具，不要跟兄弟姐妹打架，不准用手指在卧室的墙上乱画。但如果从小就开始培养孩子们的自制力的话，他们将会终身受益，比如学会集中注意力、听从指令、独立解决问题、克制冲动和管理好自己的情绪。对于学习来说，这些都是孩子必备的素质。同样，3T原则也可以运用到自制力的学习过程中。

必须指出的是，3T原则并不是专门用来培养孩子们自制力的技巧。它的应用主要还是体现在其他方面。但考虑到孩子们的需要，它还是可以增强自制力的。

让孩子们自己做主，是培养自制力的重要途径之一。如果所有的决定都是由大人做出的话，那么孩子永远也不会有机会思考，自己该采取怎样的行动，或者这样的行动会造成怎样的后果。当父母让孩子自己做主时，他就会思考面前有哪些选择，并对它们进行一番权衡，再做出决定，最后再予以执行。

- 共情关注：一个刚刚起床的小孩，急着要去看外公。
- 充分交流："来，我们先把衣服穿好。待会儿就要去看外公。这里有条紫色的裙子，还有一条粉色的。紫色的上面绣有漂亮的花朵，而粉色的带有荷叶边。这两条都自带口袋。"
- 轮流谈话："你想穿哪一条啊？""粉的那条？""我以为你要选紫色那条呢！""你喜欢这条裙子是因为它有口袋吗？""原来如此，这样你就可以把外公给你的糖果装进去了。""我认为粉色的最好，因为它最适合用来不停地转圈。"

给孩子多重的选择，也不失为一种规范行为的方法。

> - **共情关注**：吃饭的时候，小朋友对他的高脚凳表示了抗议。
> - **充分交流**："你肯定饿了，所以才这么闹腾。好了，我们来吃饭吧。让我找找橱柜里有什么。我找到了面条，还有泡菜。我想你不喜欢吃泡菜，对吧？"
> - **轮流谈话**："你想吃花生酱三明治还是面条啊？""面条，面条，你总是吃不够！""那我们是用碗还是用盘子来盛面条呢？""你听这个声音，妈妈一摇盒子，它就会响。你想不想摇啊？来，摇一摇吧。"

父母给孩子提供选择，其实就是在鼓励孩子独立思考。有了3T原则的支持，让孩子做主其实就是在锻炼孩子的大脑，让他们学会进行自我管理。

教导自制力的最佳途径：言传身教

对于自制力，父母还可以以身作则，通过自身的示范来教导孩子。生活中，孩子的一言一行都在模仿父母。当父母沮丧难过的时候，他们应采取恰当的方式跟孩子谈谈内心的感受。用恰当的语调，跟孩子说说目前遇到的困难，以及自己是如何处理的。注意，父母应该牢记于心，跟孩子交流并不代表他们就是发泄情绪的出口。这种交流的初衷还是为了教导孩子，让他们学会用合适的、有建设性的方式来处理问题。当然，3T原则仍然可以应用到其中。

- 共情关注：妈妈正准备出门，却发现找不到钥匙了。她用平和的语气跟女儿解释，使她听上去并没有想象中那么焦躁。
- 充分交流："我不敢相信我又把钥匙弄丢了。这已经是这星期的第三次了。我对自己太失望了。今晚我要加班，你能帮妈妈找一下钥匙吗？"
- 轮流谈话："你在桌子底下找了吗？嗯，确实有可能在那儿，因为妈妈总是把钥匙放在上层。所以钥匙有可能掉下来了。我想我们还要查看一下柜台的表面吧？"

当父母回应子女的时候，采取下面的策略也能保持冷静。

- 共情关注：孩子把碗里的葡萄干撒在了地毯上，并且还不停地在上面来回走动，最后，葡萄干被踩进了地毯的纤维里。对此，爸爸做出了冷静的回应。
- 充分交流："不要踩葡萄干啦，它们会把地毯给弄脏的。你的袜子也会变得黏黏的。现在把它们捡起来，扔掉吧。这些葡萄干已经不能吃了，因为它们很脏。走，我们去拿湿布把地毯弄干净。你拿一块，我拿一块，咱们一起动手干。"
- 轮流谈话："做得很棒，葡萄干都已经清理干净了。你能把袜子脱下来吗？这样就不会留下黏黏的脚印了。好极了，现在我们去洗手吧，待会儿再给你换双新袜子。"

毫无疑问，这样的回应方式需要父母经过一番思量才能做出。对于父母来说，需要耗费相当程度的自制力才能保持冷静！上文正好提出了一个具有建设性的问题解决方案。爸爸以身作则，给他的孩子上了终身受益的一课。此外，自制力还能应用于多个领域，甚至在教养孩子上都有一定的妙用。

指令：对自制力和大脑发育都毫无益处

父母给孩子下指令或发号施令，对孩子的大脑发育根本毫无益处。因为指令的回应不需要使用太多的话语，有时甚至完全不用话语。

"坐下。"

"安静。"

"戴上你的帽子。"

"把书给我。"

"不要那样做。"

尽管孩子会听你的命令，但是下指令这个行为本身就违背了人的本性。"停下来！"父母发出指令时用上了五星上将的威严。是的，孩子会因此听你的话停下手上的动作。"戴上你的帽子"，是的，孩子确实也会把帽子戴上。但那一刻真正被停止的只是孩子正在进行的动作，做这个动作的习惯却没有被"停下来"。

现在的家长发明了无数种跟孩子沟通的方式，但并不是每一种都能开发孩子的大脑。而指令，正好就能说明这一点。指令性的语言，完全与 3T 原则奉行的宗旨背道而驰。它使用的是一种咄咄逼人的口气，用词也比较粗野，几乎不太要求对方的回应。所以它对于孩子的智力发展无甚益处。

因果思维

与指令相对，团队提出了"因果思维"的概念。

日常生活已经够忙碌的了。如果家里的孩子还要来添乱，那么恐怕连最有耐心的父母都无法忍受了，因为父母光是处理手上的活儿就够手忙脚乱的了。在这样烦心的时刻，指令式的语言就会从父母的口中浮出水面。

早晨，父母正准备带孩子出门。

"穿好你的鞋。"

这句指令的发出，完全不需要任何的思考过程。如果这位家长足够幸运的话，孩子会乖乖地穿好鞋子。

"3000 万词汇倡议"团队提出了以下的解决方案：

"是时候动身去大卫舅舅家了。你最好把鞋穿上，因为外面在下雨，不然的话，你的脚会被雨水淋湿，而且雨水还挺凉的。所以快去穿鞋吧。"

因果思维让孩子们明白，每个行为的发出都源自一个理性的目的。所以指令不单单是父母对子女发号施令。因果思维同时也能促使孩子们去探究事情的起因和影响以及行为所带来的后果。具备因果思维的孩子就可以理解，人们应该在对的时间用对的方法做事情。同时，这也是批判性思维的一部分。批判性思维是高阶学习的基础性工具。

恶作剧会导致父母下达愤怒的指令。

一个小孩拿起了爸爸的手机摆弄起来,只见他用黏黏的手指,不停地按着手机上的按钮。这时,爸爸的回应可能是:

"放下我的手机,现在!"

或者是……

"把我的手机放回桌上吧。如果你不小心掉了,那么手机会摔坏的。那我们就接不到西妮姑姑打来的问候电话了。"

直接说"你来吃早饭",孩子应该还是会听的。但家长如果告诉孩子这样做的理由,那么孩子就能理解食物和健康之间的关系了。

直接说"不要在楼梯上玩",可能会打击孩子的兴趣。但如果家长跟孩子解释一下原因,那么孩子从此就会预估游戏活动中的潜在危险。

当然孩子不可能立马就和父母达成共识。但如果父母一直坚持这么做,那么因果思维就会慢慢渗入孩子的小脑瓜里,因此未来有可能会出现他自觉穿鞋的一幕。

但凡事不是绝对的。指令性语言也有派上用场,并且非它不可的时候。

一个孩子正在追球跑,跑着跑着,孩子和球跑进了熙熙攘攘的街道,正好跑到了车行道的十字路口,而周围都是行驶的车辆。这种情形下,父母不可能温柔地说,"宝贝,不要跑到十字路口上去,你可能会被下坡的车撞倒而受伤。"

这时,父母的指令就可以派上用场了,"停下来,车开过来了!"尽管这句指令对孩子的大脑发育没什么帮助,但在那样的情况下,我们可以原谅这一点。

随着孩子的批判性思维渐渐地形成，再加上父母灌输的因果思维，我们相信，总有一天能锻造出一颗睿智的头脑。到那时，孩子无须任何人的提醒，内心深处就会迸发出一声"不"。这是我们喜闻乐见的结局，更是我们一直努力的目标。

创 造 力

很少有人会把艺术跟孩子联系在一起。是啊，孩子们可以用蜡笔画画，玩玩胶棒，但这些玩意难登大雅之堂，只不过是让孩子顺利进入医学院的加分项罢了，或是为了学习工程设计、编写代码而做的摆设而已。

即使在科学领域，创造力也是人们发现新大陆、新工具以及新思想所不可或缺的重要途径。事实上，如果一个孩子从小就被鼓励进行创造性的思考，那么他长大入学后，学习基础会比一般的孩子好。请注意，创造力既不是天赋也不是技能，它是探索未知领域的强烈渴望；是想象世界里的天马行空。问题来了，该如何鼓励孩子们尽情地去探索、发现和想象呢？尽管艺术不是我们团队的正式课程，但是3T原则仍旧可以在里面找到契合点。

3T原则与音乐

音乐能够在诸多层次上启迪孩子们的头脑。它不仅可以教授语言和沟通的技巧，还能增强人的韵律感，从而强化身体的动觉系统。此外，音乐还能强化大脑中枢系统，尤其能够刺激那些跟抽象思维、情感、数学有关的大脑板块。音乐不仅为思想和情感提供了一个富有创造力的出口，它还鼓励我们放飞自己的想象力。所有醉心于音乐的孩子，都能从它的身上吸纳璀璨的华章。

下面是3T原则在音乐中的表现。

- **共情关注**：自然的歌唱使得嗓音更富有魅力，能持久地吸引孩子的注意力。
- **充分交流**：选一首喜欢的歌，不停地、反复地唱。
- **轮流谈话**：每一个舞蹈动作、每一次拍手、每一句歌词就是一次轮流的机会。

有一些歌词，比如《玫瑰花环》(*Ring Around the Rosie*)、《唱一首六便士的歌》(*Sing a Song of Sixpence*)、《我是一只小茶壶》(*I'm a Little Teapot*)，可以让孩子们接触到日常生活中不常看到的词汇。像《五只小猴子》(*Five Little Monkeys*)《一、二，扣紧我的鞋》(*One, Two, Buckle My Shoe*)《这位老先生》(*This Old Man*)等都是数字歌，孩子们可以从中学到数字和计数的方法。还有一些歌，比如《张开手拍拍手》(*Open Shut Them*)《约克公爵》(*The Noble Duke of York*)，等等，涉及一些空间的概念。而《宾果》(*Bingo*)等歌曲又能让孩子们了解模式的概念。你看看，谁能想得到开发儿童大脑的过程竟然如此有趣！

孩子们也喜欢创作音乐。你看他们一个个用木勺轻轻地敲击大锅，漫不经心地弹奏着玩具吉他，拍打着钢琴的琴键。用音乐表达自我，是没有对错之分的。孩子们在创造音乐的过程中，恰恰也流露出自信的魅力。

3T 原则与视觉艺术

视觉艺术的范畴广泛，包括油画、绘画、雕塑等。这些艺术形式能极大地促进儿童的个人发展，比如可以促进儿童动作神经的发育。同时，孩子也可以借助艺术来表达心中无法言喻的思想和情感，这对于平时不敢表露心声的小朋友来说尤其重要。同样，视觉艺术也没有对错之分。重要的是艺术家自身的愉悦感受，他们唯一需要的就是一张白纸、一盒蜡笔和自己的想象力。据研究表明，长期受到艺术熏陶的孩子在阅读和自我管理方面比一般的孩子更优秀。孩子们对于艺术表现的不断探索，也给家长提供了运用 3T 原则的无穷机会。

- **共情关注**：不要去管活动、媒介、想法这些东西，完全跟着孩子走就行了。也许宝石色的画作中会有一处无聊的棕色败笔，也许只是在纸上画了一团交横错杂的线条，也许只是用指套沾染颜色，在调色盘上肆意地发挥，这些都不重要，跟着孩子的艺术感觉就可以了。
- **充分交流**：称赞孩子的劳动，抓住时机谈一谈孩子在艺术方面所下的苦功。家长可以借机引入日常生活中不常用的形容词和动词。

⑨ **轮流谈话**：对孩子抛出开放式的问题，作品所使用的材料、选取的色彩、成型的过程、创造的初衷，等等，都可以拿来提问。

家长没有必要和孩子评价作品，重要的是把交流的重点放在创作的过程中去。因为最后还是要让孩子用自己的话来描述作品。这样一来，孩子的分析能力、表达能力、独立思考能力和自信度都会有显著的提高。

3T 原则与假装游戏

假装游戏是儿童成长的稳固基石。一个被鼓励充分发挥想象力的小朋友在游戏中找到了他探索世界的方式。从某种意义上来说，这种方式多多少少加上了个人的标签。假装游戏是一扇安全的大门，通过这扇大门，孩子们可以在这里畅所欲言，说出内心的真实感受。同时，孩子们还能在这里学到沟通的技巧，他们的拼写能力也能得到提升。此外，假装游戏还能强化孩子们的社交技能，开拓他们的思维。

假装游戏以孩子们现有的词汇水平为基础，同时还给他们机会去使用一些之前可能听过，但并不完全理解的词汇。父母接收到了假装游戏的邀请函，这使得他们有机会看看自己的孩子是如何在游戏世界中"称霸一方"的。游戏中，孩子可以继续跟父母互动，学习新的东西。

> - **共情关注**：作为一个替补演员，不重要的角色。让孩子作为引导角色。孩子还有比主宰自己创造的世界更棒的选择吗？
> - **充分交流**：不需要改变已经展开的故事情节，多想想办法，把对话拉长。
> - **轮流谈话**：抛出一些开放式问题使表演得以持续进行。例如，"接下来会发生什么呢？""我应该对她说什么？""城堡看上去是什么样子啊？""我现在该做什么呢？"

既然这是孩子的想象游戏，自然也会随着孩子的成长而发生变化。对于才开始学走路的孩子来说，假装游戏往往是一出单人游戏，比如假装在玩具茶杯里喝想象出来的茶水，或者把积木放在耳边，装出一副打电话的样子。学前儿童的假装游戏一般以互动的形式开展，其中包括角色扮演和梳妆打扮，等等。假装游戏不仅有利于儿童的大脑发育、社交技能的培养、创造力的提升，还带来了一个额外的好处：参加游戏的孩子们都乐在其中。

鼓励创造性思维

小宝宝努力地挤压玩具，使之发出尖锐的吱吱声，别误会，这正是小宝宝创造性思维的体现。还在学步的孩子，不停摆弄着堆砌的杯子，想要捣腾出一列火车，这也是创造性思维的体现。稍大一点儿的孩子，身上披上了超人的披风，还是创造性思维的体现。

当孩子被允许表现创造力的时候，脑袋里一下涌现出大量的主意。而最宝贵的却是，孩子可以因此进行独立的思考了。数学和阅读完全依赖于既定的规则。而艺术却正好相反，不受规则的束缚。随着孩子艺术细胞的不断增长，艺术帮助孩子认识了这个世界，并从中找到了一丝自我。许多年之后，世界将因此发生美好的改变。所以艺术应该受到世人的鼓励，得到更大的关注和支持。

第四个 T

过去我们常说注意力不集中的人走神了。现在，我们可以自信地说，他们"脱线了"。"脱线"就是脱离、神游的意思。"脱线"对于大脑的开发有一定的"贡献"，只不过是消极的"贡献"罢了。因为当人处于"脱线"状态时，"共情关注""充分交流"和"轮流谈话"构成的3T原则根本无法发挥作用。"脱线"的父母对孩子的回应就变成了"嗯……""等一会儿"，到最后是完全的沉默。因此，我们提出了第四个T："关掉电子设备"（Turn it off）。

数字化时代之前，父母们是怎样照顾孩子的呢？给他们读故事书？一起搭积木？玩拨浪鼓？给他们玩芭比娃娃？

而现在呢？

在超市的走道里，妈妈的手推车塞满了要买的东西。车的中间还坐着个小人儿，手握着数字设备（可能是妈妈的苹果手机），高高兴兴地在玩游戏。先别看孩子，看看周围路过的群众。你看他们对此感到震惊吗？或者有任何的吃惊吗？其中有人发出了"嗯"的质疑吗？有任何一个人注意到妈妈和孩子全程没有说一句话，完全都没有互动吗？有任何一个人表示过"天啊，好可惜啊"吗？

孩子是母亲用生命创作的作品。没有人会怀疑，生一个孩子需要投入大量的时间和努力。我们之所以愿意完成堆积如山的工作，是为了让我们的生活变得更轻松：橱柜里有吃的，账单都按时缴清了，车子也加满了油。但一个有学习能力、性情平和、懂得亲近父母的孩子，要走过一段长长的旅程，才能降临到这个世上，他的出生同样也是为了让我们的生活变得更轻松。每个父母最大的心愿是：孩子能够一生平安，顺利地应对生活中的所有挑战。就算从孩子很小的时候开始，亲子之间就保持着亲密的互动，他们也要走一段很长的路才能到达幸福的终点。在超市里，妈妈完全可以"共情关注"孩子，找到他的兴趣，不管孩子是不是待在购物车里。然后再跟孩子"充分交流"，谈论他感兴趣的话题。接着妈妈一边购物，一边跟孩子"轮流谈话"。倾听孩子的想法跟谈话一样的重要，也许还要重要得多。15年后，如果妈妈一直关注，倾听着孩子的想法，孩子长大后也会非常的幸福。这样一来，生活就真的变轻松了。

顺便提一句，这个故事不是针对超市提出的。它还针对的饭馆、停车场，还有书店等。

"3000万词汇倡议"团队并不是唯一一家认为过度地使用科技产品会对孩子的成长不利的机构。美国儿科协会也认为，不能让两岁以下的孩子看电视或使用科技产品。直到孩子两岁半之后，他们才同意孩子在父母的监管下，每天享受一两个小时的屏幕时间。所谓的屏幕包括了电脑、平板电脑、智能手机和专门为孩子设计的电子游戏机。

> - **不关注**：电视机绝不可能"共情关注"孩子的需要。尽管有时候孩子们看上去完全被屏幕上的内容给迷住了。科学研究表明，这是因为不学习而导致的情况。电视其实就是一条单行道，不可能与孩子产生互动。
> - **不交流**：跟沉迷于数字设备的人交流？这永远不会发生。
> - **不轮流**：数字设备可不懂"轮流谈话"的概念。它们占据了不仅所有的关注，而且互动模式也是固定的，没人能改变这一点。即便回答对了问题，也只是因为孩子们在被动地听从命令。

当电视节目把问题纳入了对白时，孩子们所得到的关于他们的答案的回应，仍然是预先就设置好的。节目既不关注孩子们本身，也不会给孩子们任何的回应。因此，电视节目进行不下去了。虽然这很有趣，但是还比不上家庭中的亲子互动。

帕特丽夏博士曾做过一个实验（第三章中提过）。实验中，她把两组只有九个月大的婴儿放在一起研究。其中一组婴儿一直听真人说中文普通话。而另外一组婴儿听 DVD 中的中文普通话。实验结果表明，尽管听 DVD 的那组婴儿的注意力高度集中，比起另一组，他们没能学到多少语言，甚至还不如一组听英文的婴儿。最后，真正学到语言的是听真人说话的那组婴儿。

帕特丽夏博士的实验成果，同时也得到了乔治敦大学研究小组的证实。他们也做了实验，只不过这次宝宝们听的是小说而不是中文普通话。还有一组实验，请到了两组宝宝，年龄都在 12～24 个月之间，实验的内容是：让宝宝们不断地观看一个人从老鼠玩偶上取下手指套的过程。其中，第一组宝宝看到的是真人，而第二组宝宝看到的是DVD影片中的人。

实验结果跟以往的都大同小异。那些看到真人演示的宝宝能够轻而易举地模拟取下手指套的动作，而看DVD的宝宝们则不能复制这个动作。

结论：社会互动有利于开发孩子们的大脑。

"科技食疗"

如今，有没有可能让科技彻底地从我们的生活中消失呢？相信你一定察觉到了，我正在电脑上敲这行字。在我发送邮件让每个人看到之前，我得用手机，亲自给他们打电话，确保人人都能收到我的邮件。即便他们不接我的电话，我也要给他们发短信，让他们知道邮件正在来的路上。

儿子亚瑟正在下楼。今天是周五，又到了亚瑟和他最好的六个朋友一起玩电脑游戏的时候。他的朋友们叫作扎克、诺兰、高拉夫、乔尼、杰森和本。是的，你可以听到这些男孩持续不断的尖叫声、欢呼声，还有提出的关于玩游戏的大量建议，这些建议很可能是他们在一起互动的高潮。当然，我更希望他们能进行户外活动，比如来一场简单的橄榄球赛。但不管怎么样，他们之前的确存在着互动。

这样看来，科技还是有一定的功能的。但这个功能却不得不引起我的注意，尤其是当这个功能干扰到父母与孩子间的亲子互动的时候，它就必须得让步了。本书中，我们把它叫作"科技食疗"。"科技食疗"需要摄入大量的数字科技产品。这就导致未来的某一天，当别人问起你使用的设备，以及为什么要用之类的问题时，你会误以为他们问的是食物。到底是蛋白粉摄入的多，还是花椰菜或者巧克力摄入的多呢？那时，使用设备的行为等同于是在吃东西，例如我们常常会使用社交媒体（脸书和推特）来"进食"。当然，你还可以用谷歌搜索一下，看看20年都未谋面的朋友正在干什么。接下来，让我们看看这些设备是如何干扰我们的人际关系的吧，其中甚至包括和我们孩子的关系。最后一步就是程序的大量摄入，这样我们就可以监视设备的使用情况了，比如什么时候开始用的，怎么用的，使用到了何种程度，我们都了如指掌。

展望未来

19世纪初，贝尔在写给他父亲的信里提到，未来他会发明一个东西，这个东西可以使"朋友们不需要离家，就能畅通无阻地交流"。接着，在1876年3月10日，贝尔给他的助手打了史上第一通电话："华森，快来办公室，我有事找你。"

从此，贝尔带领人类走入了非凡的现代化时期。

这个故事提醒了我们，当下的"现代化"到未来会是什么样子。那时，它就像留着长头发的嬉皮士或一件印着"要爱不要战争"的短袖衫，虽然看上去不错，但是已经退出流行了。我们现在看到的，只是数字科技的冰山一角，将来一定会有新的技术腾空出世，取代今日的辉煌。未来是一个数字化的时代，也是一个混乱纷扰的时代。

有意思的是，电话的发明者贝尔先生拒绝在他的办公室里安装电话，因为他觉得电话太吵了，会影响他的科学研究。

与科技积极共处

丽莎·根西（Lisa Guernsey），她兼任早期教育倡议中心的主任和"学习技术"项目的负责人。迈克尔·莱文（Michael Levine），他是儿童发展领域的专家，并且很了解当下的政策，同时还创办了"芝麻工作室"旗下的"琼·甘兹·库尼中心"。这些人一直在思考，如何运用科技来加强亲子互动，提高儿童的语言水平和读写能力。

在他们共同撰写的名为《屏幕世界中的读者》（*Tap, Click, Read: Growing Readers in a World of Screens*）的书中，读者们经历了一次数字时代的太空学习体验。书中大量细节不仅检视了如今的时代，还对未来发起了展望：未来我们会发现新的思维模式和教学方式，它们会帮到很多的孩子。根西和莱文一直关注的是0～8岁这个年龄段的孩子。

他们一直在思考，在互动、数字化的世界中教孩子们读写会是一番怎样的情景。那时，"我们将生活在一个智能手机、平板电脑、即兴点播的视频基本上随处可见的世界"。他们提出的问题都跟新科技有关，主要是想探究新科技有哪些特点。值得一提的是，这些问题还被他们当作教学的材料，用来强化孩子的读写能力。他们本该避免这种情况的发生，但孩子们还是根据自身的处境和想法，给出了五花八门的答案。

问题的提出是非常鼓舞人心的。因为在当今世界，没有人可以回避日益扩大的数字科技网络。尽管读写能力是我们生活中必不可少的基本能力，但是以教导孩子识字的方式来开展的人际互动，在如今有了更广阔的内涵。关于这一点，小宝宝、小朋友以及他们的父母都对此感同身受。孩子从出生到三岁时所处的语言环境，不只是影响他未来读写能力的形成那么简单，它还会对人的本质有所影响。而且语言环境不仅仅只关乎词汇，还包括词汇在具体语境里使用的方式、父母的接受能力。关于这一点，以后我会借用数字科技再次予以重申。

6

第六章

唤醒潜能：不一样的童年，一样的希望

美妙的事情莫过于无须等待，世界就变得美好起来。

——安妮·弗兰克（Anne Frank）

这项研究的最终目标是什么？弥补这3000万词汇差距的最终目标是什么？社会的最终目标又是什么？当然是通过教育、社会以及个人的方式，有效地发现一些方法，确保孩子们发挥他们的潜能。这不仅是美国的一个基本理念，从基本层面来说，这也是确保我们每个人稳健成长的一种方式。这一点在科学上是很明确的。我们开始都大体相同，都拥有着未被开发的潜能，无论我们是什么肤色，父母是否有钱或是来自哪个国家，那么为什么后天的成就会存在如此显著的差异呢？

在阅读这本书时，一定不要认为这个问题或正在进行的这项研究是关于你的孩子、我的孩子或是他们的孩子的，因为它实际上是关于我们所有人的孩子们将来赖以生存的世界的。这是一个越来越多的孩子成年后不能有所成就的世界，或是一个绝大多数人都能接受教育、稳定而富有成效，而且具备建设性地解决问题的能力的世界。你认为这种想法很乌托邦吗？不，这很寻常，具有实际意义。

日益严重的教育资源不均衡

在过去的40年内，美国家庭收入不均的问题日益显著，这一问题体现在对我们的孩子的影响上。当今美国有3200多万儿童，其中几乎超过半数的孩子生活在低收入家庭。有证据表明，贫富差距可能使孩子们学习效果的差距越来越大。这导致大量的公共资金流向了学前教育项目。于我而言，这是意义重大，值得称赞的。然而结果却与我们的期望大相径庭，因为学前教育项目并不影响研究所告诉我们的事实，这也是问题出现的直接原因：在这些孩子出生到三岁这关键的几年里发生了什么？因此，这巨额的资金将要用于补救问题，而不是用于教育。

切莫一概而论

在这里尤其要强调，这个问题不简单地是一个社会经济学问题。不论贫富，语言环境都是因家庭和父母而异的。在这样一个数字时代，不管你收入多少，无论你使用的是笔记本电脑、iPhone，还是iPad，在如今的亲子交流中都会面临一定的威胁，这些都清楚地表明了这一点。去任何一家儿童公园，看看孩子们在攀爬架之间玩耍的情景，你就会明白我要表达的是什么。

最后，几乎所有父母，无论他们的社会经济地位或受教育程度高低，都要掌握引导孩子走向正途的必要词汇。这仅仅事关一对父母对语言环境的重要性的理解，以及在需要的时候、适当的地点能够让孩子轻而易举地获得支持的重要性的理解。

如果我们把每个人的生活当作一本未完待续的小说，把我们自己当作小说中的主人公，那么第一章第一页就是为后续埋下的伏笔。虽然我们无法掌控第一页发生了什么，但正如包括哈特和里斯利在内的研究所向我们表明的，别人对我们说话的内容和方式，在很大程度上都是我们是谁以及如何对待生活的重要决定因素，这些虽在书中并未占据百分之百的比例，但在本书剩余部分占据了相当大的比重。

决定性因素：父母和照顾者

新生儿是如何将其天生潜能在成年后唤醒的呢？这是我们作为父母和照顾者应该关注的问题。

这本书表面看来是在讲述孩子和智力的可塑性，但其核心是父母重要而强大的作用。并非做父母的未意识到他们的重要性。当然，我们都能意识到。不然我们不会为我们做的每件事情担忧，为我们做的是否正确而忧虑。但近年来，科学几乎没有帮助我们获得更好的机会。通过帮助我们理解更广泛的设计，帮助改善所有孩子的生活，进而改善他们所生活的世界。这不仅仅是为了我们自己的孩子，也是为了更多的孩子。

3000万词汇的差距是关于语言在儿童大脑发育过程中的重要性的一个隐喻。意识到这一点是一个空前的机会，能使父母理解他们在帮助孩子实现最终潜能时所能发挥的巨大作用。理解3000万词汇的差距也能在早期帮助孩子扭转局面。在这一点上，道理是很明确的。为了弥补成就差距，确保美国国内所有孩子都能发挥自己的潜能，精心设计、细心监管且有科学依据的方案势在必行。而这些旨在帮助孩子们的方案都取决于父母/照顾者。

塔尔萨社区行动计划执行主任史蒂文·道（Steven Dow）称之自相矛盾：尽管幼儿教育的确是父母的事情，我们也知道父母在最终智力开发成果方面的重要性，但父母却通常在一些填补成就差距的方案和改革上后知后觉。他们在讨论中会被提及，但最终他们通常被看作发生必要改变的加码，而非关键。这是一个历史性的反讽。因为学前教育项目旨在帮助孩子为入学做好准备，正是它的失败才促使哈特和里斯利去做这样一个父母对孩子学业成果影响的研究。

解 决 矛 盾

学前教育的重要性是毫无争议的。但当孩子们的参与不以学习为前提，那学前教育便在很大程度上成了补习性质的。为了赋予学前教育最大效力，确保缺乏入学准备不会造成学业生涯的"掉队"或失败，孩子们加入这个项目必须以学习为前提。这一点就强调了设计一些切实可行的幼儿教育方案，包括父母如何帮助可能需要更多支持的孩子们做好入学准备。这些方案也能帮助父母在孩子前三岁，即大脑发育最关键的时期，提供一个最佳的语言环境。家访也有助于父母设定语言目标。悉心监管则有助于父母实现这个目标。为了确保成功，须精确地评估方案设计，这些方案还将包括一个内部评估及改进过程。

成功还将取决于一个强大的支持系统。尽管过去父母干预有过一些问题，可能需要更多的研究或研发更有依据的方案，但是科学表明这些努力是很有必要的，因为只有当父母或孩子的早期照顾者在孩子幼年作为一个参与伙伴积极干预时，效果才会有所改善。

还有一个不争的事实。那就是直到我们整个美国理解父母干预的重要性，在需要支持的时候提供适当的支持时，我们数以千万计的孩子们的生活才会真正成为一个终身的你追我赶的游戏。

我们真的能做到吗？

如果我们能制造出一个小小的抗体，能够让它流经全身上下攻击一个特定的癌细胞，如果我们按下几个按钮就能告诉中国上海的某个人我们正在曼哈顿看一场演出，如果我们能带12个人去月球，我们才可能做到这一点。

育 儿 文 化

宾夕法尼亚大学社会学教授安妮特·拉鲁（Annette Lareau）在代表作《不平等的童年》（*Unequal Childhoods*）中，对比了不同社会阶层的家庭教育风格。她和其他一些学者将这种阶级差异的存续归因为社会阶层的不同。"在美国，社会阶级背景构建并转变了个体行为，"拉鲁教授写道，"我们对于我们所追求的人生道路的选择既不是平等的，也不是自由的。"

她的研究结果完全涉及贯穿整个社会经济阶层的9~10岁儿童的家庭生活。她的目的是获取一个"学龄儿童家庭日常生活节奏的真实写照"。

与仅仅是观察者的哈特和里斯利不同，拉鲁和她的团队说他们想成为一只"看家狗"。

"我们希望家长们从我们身旁走过，无视我们，但允许我们和他们一起闲逛。"

拉鲁和她的团队不是收集数字数据，而是通过家庭的日常社会学叙述来探究社会形态是否具有可识别特征。88个家庭参与了拉鲁教授的研究。在12个家庭中，通过积极参与他们的生活进行了深入研究，包括参与棒球比赛、宗教仪式、家庭团聚、去杂货店、美容院、理发店，甚至在他们家里过夜。

不平等的童年，平等的希望

每个家庭，不论他们的社会家庭背景或家族传统，对于孩子们所寄予的希望都是类似的。

"所有家庭都希望自己的孩子快乐茁壮地成长，"拉鲁教授说。

协作培养 VS. 成就自然成长

中产阶级的父母以一种极其狂热的力量"培养孩子们的天赋、思想和技能"。拉鲁教授称之为"协作培养"。他们花几个小时让孩子们参加活动，活动，更多的活动。在中产阶级家庭中还有"相当多的谈话"。这或许有助于语言敏感度的培养，使孩子们拥有更大的词汇量，与权威人士交流时感到更加舒适，对抽象概念更加熟悉。此外，这些家庭中父母语言的特点是"强调推理""口水仗"，以及"文字游戏"。他们几乎不使用命令型的语言，除非在有关健康和安全的情况下。

拉鲁教授将低收入阶层的育儿方式称为"成就自然成长"。这是一种绝对真理就是服从和尊重权威，否则就更加不管不问的育儿方式。孩子们一起自由地玩耍，没有父母的命令。他们以一种自由的方式成长，几乎是耳濡目染地、无意识地接受"父母的方式"。

这些父母的语言仍然体现出了差异。他们仅仅使用简单的命令，而不是以讨论和辩论为主。比如，教一个孩子去洗手，仅仅就说"洗手间"，然后递给他一块手帕。尽管有人会分析为什么会存在这些差异，包括明显地造成在时间、金钱或花在多余的语言的精力或户外活动方面资源上的差异，在孩子身上的差异的确很明显，尤其是在教育成就方面。

父母多做一点，孩子更多成长

安妮特·拉鲁的"协作培养"和"成就自然成长"的育儿方式提醒我想起了卡罗尔·德韦克的研究。因为，在我看来，协作培养和成长型思维模式在很多方面都有相似之处。两者都表明了对儿童智力可塑性的看法，且两者都致力于促进孩子持之以恒的性格及对技能的掌握。

同样，"成就自然成长"虽未直接说明，但是也有一种"固定型思维模式"的感觉。它们两者都崇尚先天的能力是不可变的观点。这种固定能力的理解判断可能导致在育儿方式上不够"协作"，除了在上文中提到的强调父母的权威作用的时候。

那么我们能把从某种程度上反映出的父母在孩子成长过程中对绝对真理或缺乏绝对真理的无意识性定义为育儿"文化"的差异吗？换句话说，如果你不能意识到你会对孩子的未来有所影响，为什么你还会做一些有影响的事情呢？正如拉鲁教授所强调的，在她所追踪的所有家长中，不论他们的社会经济地位如何，对于他们的孩子都有着类似的、积极的目标。只是在达到目标"家长如何规划他们的愿景"的方法上有所差异。

不要忽略其他一些冲击性的因素，简单的看法并不能完全说明孩子在成长方面存在社会经济差异。正如拉鲁所言,社会阶级的影响是长期日积月累的,包括在医疗保健、工作机会、刑事司法系统以及政治领域。实际上,理解社会阶级对人生目标的长期影响以及社会地位和经济地位上升的流动性,是在我们民主的未来,社会科学家们的一项重要的任务。

这十分引人深思。

了解到有关智力可塑性的育儿思维对育儿方式有影响且最终会影响孩子的智力发展并在阅读了安妮特·拉鲁的研究后,我开始琢磨有无可能看出这种育儿思维模式是否从他们的孩子诞生的第一天,甚至在他们的孩子诞生之前,就已经显现出来了。我回顾了一项在芝加哥大学医学院产科病房做的"3000万词汇倡议"项目研究。为了分辨出这种思维模式是不是已经存在的,新生儿的妈妈被问及是否同意这样一个说法:"新生儿将来有多聪明大部分由先天智力决定。"

尽管许多来自各个社会阶层的母亲不同意这一说法,但那些少部分同意的母亲值得关注。这些新生儿妈妈都来自较低的社会经济阶层,她们比那些来自较高的社会经济阶层的新生儿妈妈更可能同意这种说法。

最后一点担忧当然就是,如果家长认为在积极影响孩子智力潜能方面没有什么可做的,孩子便也不太可能接受智力开发方面必要的、额外的帮助。

然而,问题是这种看法为什么存在一项社会经济因素。

尽管这个问题很复杂,答案需要一定的猜想,但是我在这一点上的看法是十分坚定的。

当一个人或一群人一直被以各种方式一遍一遍地告知自己不能

学习或做某件事情时，这种想法就会逐渐占据核心地位。智力可塑性的观念便没有机会得到认可。这并不是不相信很多胖人能成功减肥。但对大多数人而言，体重太重会削减能量，对成功减肥造成有效障碍。

尽管大多数人会发出微弱的声音说："你将不能做到"，但是那些天生具有坚韧不拔的性格的人仍然能够克服。但当这种微弱的声音被异口同声的历史的声音所覆盖，"你不够聪明，所以你将不能做到"，再加上几乎不可抗拒的社会因素，坚持下去的动机就会被彻底地消灭掉。

这就使接下来发生的事情更具有启发性。

观点的转变

为了发展我们的"新生儿干预"，我们又一次地见了那些新生儿的妈妈。我们发现了显著的变化。

其中有很多和之前相同的妈妈，曾把自己的新生儿看作一本已经写好的书，现在却认为她们的孩子是可爱的，拥有着可塑的潜能。潜能是可以后天培养的。尽管我们所见到的算是一些逸闻趣事，不足以提供数据模型，但是却足以给予我们希望。

怀着这个希望，我去查阅了科学文献。我想了解是否有研究表明，父母"思维模式"的变化会改变育儿文化。换句话说，有没有人发现家长对于固定能力和可塑能力的观点的转变会影响他们的育儿方式，使得他们更有意识地积极参与到孩子们的活动中。

这项研究是由目前在内布拉斯加州儿童、青年、家庭、学校研究中心做博士后的伊丽莎白·穆尔曼（Elizabeth Moorman）博士以及伊利诺伊大学心理学教授伊娃·波梅兰茨（Eva Pomerantz）博士开展的。她们研究这个问题是以 79 个七岁半孩子的母亲为研究对象的。

穆尔曼和波梅兰茨猜测，父母的固定型思维模式将导致不太利于孩子智力发育的育儿行为。换句话说，认为智力不能改变的家长把孩子的学习困难看作是"固定的能力"所导致的，认为他们没有提高的机会。因此，这些孩子的母亲不会给孩子提供建设性的建议。她们只会鼓励孩子们"看起来很好"，包括教他们如何解决问题，而不是让孩子们自己学习，以避免失败的耻辱。在这些妈妈的身上，也能看到她们为她们的孩子们感到沮丧。

穆尔曼和波梅兰茨从理论上说明父母形成一种成长型思维模式，将有助于他们理解孩子的能力具有可塑性，而不是固定性。因此，他们引导孩子努力奋斗的方法，就可看作一个帮助孩子学习如何学习的机会。积极地，一步一个脚印地，即使在那些很难爬的时候，也要如此。

穆尔曼-波梅兰茨研究

研究随机选取了"成长型思维模式"或"固定型思维模式"的妈妈。告知所有的家长，将要给他们的孩子做一个瑞文推理测验以测试他们的智力。

告诉"固定型思维模式"的妈妈们:"瑞文推理测验测的是你们的孩子天生的、固有的智力。"

告诉"成长型思维模式"的妈妈们:"瑞文推理测验测的是你们的孩子的智力潜力。"

告知所有的妈妈在测验期间,她们可以或多或少地帮助自己的孩子。

这个测验的操纵方式对于这其中任何一个孩子都是困难的。当孩子们费劲地做这个测验的时候,研究者就观察这些妈妈的反应。"固定型思维模式"的妈妈就认为她们的孩子的能力是"天生固有的",而不是可塑的。但是她们很积极,发挥着明显的控制作用。她们更倾向于告诉孩子如何获得正确答案,而不是在孩子感到孤独的时候给他们鼓励支持。一些孩子的母亲甚至把孩子的铅笔拿走,自己帮他们完全解决这些问题。固定型思维模式的妈妈们也更倾向于用一些非建设性的育儿方式,如批评。当孩子们表现出无助或沮丧的时候,她们的反应就好比失望的时候又被打了一顿。

此外,还有一个有趣的发现。建设性的育儿方式并不一定就跟非建设性的育儿方式完全相反。也就是说,给一个家长提供一个"成长型思维模式"的框架,并不直接意味着他们就遵循建设性育儿方式。这仅仅意味着从某种程度上减少了一些控制和非建设性的方式。

为什么?

因为家长意识到孩子智力的可塑性并不意味着家长有与这一点相对应的技巧。"孩子不是天生就聪明的"并不能直接地说明"通过父母与他们的谈话,他们就可以变聪明"。你可能找到了正确的方向,但你还需要走完这一段路才能到达目的地。

第六章　唤醒潜能：不一样的童年，一样的希望

特里西娅的故事

只有尝试才能战胜失败。

——特里西娅，波西娅的妈妈

特里西娅经常对她的孩子们，波西娅、麦哲伦、皮埃尔、托尼、马库斯和诺埃尔说："只有尝试才能战胜失败。"特里西娅没有一本有关大脑发育的书，或是任何关于育儿方式双盲试验研究的数据，她却是成长型思维模式育儿的典型。坚韧、教育和期望是她育儿的核心。

她的邻居都喊她 T 女士。她只受过七年级的教育，一生做着女仆的差事。她是卡罗尔·德韦克、詹姆斯·赫克曼、安吉拉·达克沃斯教授的精神先驱。T 女士引导她的孩子们面对看似不可战胜的障碍，最终走向成功。如果我相信通灵的话，那么我想说这个奴隶的孙女儿真的让人联想到这一点。

T 女士出生于 1921 年，那时候奴隶依然随处可见。她艰难地在东圣路易斯养活了 6 个孩子。为了不让孩子们受到外面世界的干扰，她在一个拥挤的、没有电话和电视的大公寓辛勤劳作。食物匮乏时，她通过喂养从农户和猎户那里买来的松鼠和浣熊，用乡村的"田纳西州生活方式"规划着家庭食物开销，但是却始终不缺乏一些可以阅读的东西。在前往二手市场的路上，尤其出于让孩子们有书可读的目的，她会以每本 5 分镍币的价格，买成麻袋的《生活与观察》(*Life and Look*)和一些平装书。此外，为了证明即便是最好的家长也会使自己的孩子陷入窘境，她常常写信给学校的老师。信中充满着拼写和语法错误，督促老师们要确保她的孩子们获得他们所需要的东西，以

激发他们的教育潜能。尽管她只受过七年级的教育，但是她却坚信没有什么可以阻碍她的孩子们进步。她自己的经验让她始终相信自己以及孩子们。这在任何人身上都是一种难能可贵的品质。她的孩子们是何其的幸运。

T女士没有"固定型思维模式"。

"我妈妈带着一种很强的、为整体的生存着想的集体责任感……也就是说，在我们家庭里，"她的女儿波西娅说，"没有人的需求能比我们整体的需求更重要。我们必须一起承担，相互爱护和支持。我妈妈重视教育和几乎所有的辛勤劳作，并把这种观念带到了整个家庭中。她教育我们明辨是非。我妈妈……告诉了我们她当时对世界的理解，因此对我们期望很高。"

不仅仅是特里西娅对她的孩子们的期望高，孩子们也因为她对自身的期望很高。她也相信孩子们拥有达到她的期望的重要工具：教育。不然，《生活》（Life）杂志是做什么的呢？她的孩子们都知道还有另外一个世界有待他们去了解，去融入，因为她私下告诉过他们。"这儿，"她说，"阅读，这就是另一个世界产生的地方。"

特里西娅还教给了她的孩子们一些其他的东西：持之以恒地迎接各种生活中的挑战的毅力。"成为琼斯夫人的女儿多好啊"就等同于"我过去过得非常糟糕"。"但是我们都带着一种真正顽强的毅力勇往直前，"波西娅说，"就像我们不顾一切地直面困境，辛勤耕耘。"

特里西娅的女儿波西娅是什么人呢？她大名叫作波西娅·肯尼尔（Portia Kennel），是"一盎司预防"项目创新的高级副总裁、教育照顾学习网的执行董事。这都是对于早教倡导者们很重要的组织。他们肩负着与家长们直接一起工作和设计早教方案的双重使命。第一个

第六章 唤醒潜能：不一样的童年，一样的希望

早教中心现在被认为是国家标准的高质量学习中心，它就是由波西娅·肯尼尔创办的。

为了证明"成长型思维模式"可以通过家长传递给孩子，"一盎司预防"早教计划进行了首次尝试，叫作贝多芬计划。这个计划不是很出彩。波西娅本可放弃或者继续做一些重复的事情，但作为特里西娅的女儿，波西娅明白她的最终目标就是改善孩子们的生活，而且她知道"一盎司预防"早教计划还可以做得更好。放弃了早期方案后，她第一次设计出了效果令人难以置信的教育照顾方案，后被推广为国家模范。如果这算不上成长型思维模式的话，我就不知道什么才能算得上了。

T女士在经过很长一段时间与癌症的斗争后，于65岁便早早地离开人世。在我看来，这是一个悲剧。她未能看到她的教育结出的果实。但如果我们以做过的好事为标准来评判一个人的生命，那么她将拥有一个长久的、开花的、永恒的未来。

一个曾因妈妈的拼写错误和语法错误而感到尴尬的孩子，现在成年了，成为一个帮助家长们，尤其是妈妈们的关键人物。她帮助妈妈们理解她们在孩子们的成长过程中的重要作用，使她们成为孩子们需要的助力者和支持者。波西娅的确是T女士遗产的最有力的证明。

再多说一点：波西娅这个名字不是源自《威尼斯商人》，而是源自一个1940～1970年间播出的肥皂剧《波西娅面对生活》（*Portia Faces Life*）的女主角。该剧讲述了一个坚强的女律师面对生活中的困难、为了正义而斗争的故事。我们前面所说的波西娅的名字就是由此而来。

我们每一位家长能从T女士身上得到一点启发吗？还是他们已

经有所启发了只是还没意识到？这些才是难题。如果你就是在你父母给你铺好的路上成长的，直接跟着他们走，从不往上下左右看，只管向前，而且你期待的就是这是你要走的唯一一条路，不管视线是否比你期望的低很多，那么你怎么教育你的孩子相信别的选择呢？如何向一个认为生活的道路是固定的、别无选择的家长灌输成长型思维模式呢？

当我和波西娅探讨这个问题的时候，她笑了。她说如果教育照顾在她小时候就存在的话，她妈妈将是穿过他们的门的人。

成功的育儿方式

作家韦斯·摩尔（Wes Moore）说得最好。

"我们是我们期望的产物，"他写道，"有些人，在某些时候，会把期望放在心里。我们或许能达到这些期望，或许不能。在我的生活中，唯一一点不同就是，有些人愿意坚持自我的梦想。他们坚持的时间足以使自我长大，成熟，并发现成为他们这样的人也是别人的梦想。"

韦斯·摩尔说的就是，我们年轻的时候，在"成长型思维模式"的帮助下，家长还需要成为我们的后卫，确保一切退步都不是因某个人的阻碍。正如某个人曾经告诉过我，"如果想让你的孩子不畏惧高空翱翔，那么就一定要告诉他们，即使他们失败了，也只有有人在那儿抓住他们时，才可以降落。这样，他们就会不停地尝试，直到真正成功。"

打破固有思维

2012年，波西娅·肯尼尔应家长的请求，创建了教育照顾校友网。这些家长的孩子们都已经从这个项目结业，有的已经结业10余年了。这些家长想要回馈这个团体，成为改变这个团体的推动因素。波西娅说第一次会议开得非常振奋人心。家长们不仅拟定了组织的基本结构，而且有着各种计划和想法。最终，他们制定了一个稳健的网络框架，将对保育事业产生许多积极的影响。

在见证了全面的影响后，她突然意识到：教育照顾不仅仅对孩子有帮助。对于家长来说也是一个富有启发性的经历。对于波西娅来说，这是一种激励。

还有一件事情使她突然意识到一些东西。在跟校友家长开过第一次会后，波西娅兴高采烈地回去告诉她的同事，这些家长做了什么以及这些家长多么有潜力。而反应却令人诧异。尽管听她讲的人有些也很激动，但是有些人则态度冷淡，对于在她看来的与家长的不同寻常的经历没有什么反应。

这让波西娅陷入沉思。把家长作为改变的目标，这种无意的后果无形之中给他们造成了一种消极的氛围吗？这些努力鼓励那些家长要有"成长型思维模式"的家长们自己又培养出了一种"固定型思维模式"吗？这就是为什么一些人不能看到令人难以置信的成长潜能和家长们所展现出的实际成长效果吗？

"别误会，"波西娅强调，"我们这个领域充满了最优秀的人。我们所做的都非常重要。我只是在想，我们是否需要重构一下我们的思路。"

我想知道是否还存在一个社会固定型思维模式？

我从波西娅那里学到了更多如何将家长和照顾者们的固定型思维转变为成长型思维模式的育儿方式。我在获取到一些答案的同时，也有了更多的问题。

我在想面对一些根深蒂固的社会问题时，是否有一种社会固定型思维模式存在呢？我们是否有过这样一种想法：因为问题存在时间太长了，它们就不可变了，就没有可能解决的方式了？在政策上有没有一些可能性能够帮助改进呢？

科学是无可争议的。从出生到三岁是开发人的大脑的最关键的几年。这并不意味着你一到四岁大脑就停止发育了，但那几年是最关键的。

科学也让我们知道了影响大脑开发的关键因素。孩子必须得到充分的营养，孩子也必须接触到丰富的语言。人的天性是善良的。它提出一些需求，然后又提供了满足这些需求所必要的东西。几乎每个父母在没有外界帮助的情况下，都能为一个孩子提供最优开发所需要的东西。

一直阻碍这发生的是什么呢？我们可以一起从专业角度剖析一下原因。但根本原因大概是，尽管对于食物的意识是人的第二天性，但是对于丰富的语言的需求却是最近才产生的。科学是新兴的，科学的价值增长也是最近才出现的。

然而，虽然我们现在知道了早期语言环境的重要性，但确保语言环境的动机却滞后了。教育投资几乎贯穿学前教育到12年级。这也是一个关键的时期。然而，正如我们之前说过的那样，太多费用开支往往都用在了解决现存的问题上了。科学让我们知道，从出生到三岁这几年，在读写能力、数学或执行能力方面，问题的根源是非常清楚的。解决这些问题意味着在这些年需要专心投入更多努力，因为其影响最终会造成美国与其他国家在发展成就上的差距。

詹姆斯·赫克曼教授曾经写道，"传统的政策干预不能从根本上解决造成成就差距的原因。政府需要在家长身上同样投资像运动场一样多的资金，这样家长才能更好地为孩子投资。

芝加哥大学公共政策学教授阿里尔·卡利尔（Ariel Kalil）曾经说过，之所以在与儿童早期教育相关的育儿项目上面支持较少，这是因为政府认为家庭不是受它们管制的公共机构。她说家庭被看作是个人决策的地方。然而她还说公共政策还有另外一个重要的角色，那就是分享大脑开发的科学以及让孩子最好地成长和发展的策略。这种类型的公共政策就不应该被看作是努力改变家长的倾向，而是给家长提供工具，帮助他们实现将孩子抚养成为快乐、健康、有创造力的成年人的目标。

怎么才能发生改变

要想发生改变，必须有意识地共同努力理解科学以及最终给孩子和孩子成年以后带来的后果，还有给成年以后工作的国家带来的后果。在早教方面的投资必须在相关民众的驱动下，有一个新的、强劲的势头。相关民众都理解这个问题以及关注这个问题的必要性。这不意味着要放弃当前针对大孩子的项目，而是要把这个项目延伸到生命的第一天。

换句话说，如果我们想在从幼儿园到 12 年级所投资的钱中获取最大的利益，那么我们必须确保孩子从上幼儿园开始就以他们最高的水准，做好学习的准备。

这是可能发生的。伊利诺伊州第一夫人戴安娜·让娜（Diana Rauner）深刻地意识到了这些问题，并支持科学。她正在走访每一个新生儿的家庭并给予帮助和支持。这算不算具有前瞻性呢？真的是太聪明了。

社会成长型思维模式

世界上没有魔术棒。相信智力的可塑性不意味着我们可以让所有的孩子把潜能发挥到最高水平。在美国的成就方面，还有很多我们可以看到的问题，还有很多事情，我们作为一个国家必须参与，以帮助美国人民发挥出最好的状态。但这仅仅是一个好的开始。

数据告诉我们，我们存在一个问题：孩子们的成就差距。科学给我们展示了解决这个问题的方法。但并不意味着一个项目可以在每个地方照搬。运用科学可以精确地定义这个问题。然后，运用科学帮助设计一些项目。这些项目正在进行回顾，告知我们须对它们进行修正。这样，一个严重的、无休止的问题就会成为美国社会历史的一部分。

但只有美国民主的民众，才能决定这是否会发生。

必 要 条 件

我们必须让儿童早期语言环境的重要性成为美国方言的一部分。实际上，每个家长，每个人都应该理解这一点。当家长们想要并需要支持的时候，确保容易得到这种支持应成为一个国家的习性。那些设计的项目应在科学上都是正确的，并认识到父母在儿童幼年发展中的重要性。

我们还必须认识到需要并提供支持性项目，并不是就描绘出了民众的差异。这只是一个断言：我们作为一个国家在各种可能的方面都是多样化的，互相都承诺确保我们所有的孩子都能由于自己的缘故和国家的缘故，在智力、稳定性、创造性方面发挥自己潜能的最佳状态。

有时，我们把一个人的诞生比作抽签运。这种运气不会只延伸到生这个孩子的父母身上，还会延伸到这个孩子出生的国家。我们是一个有着巨大潜力的国家，但只有我们的民众的积极参与才能决定我们是否能激发这种潜能。

科学是真正社会变革的基础

有时科学感觉很吓人，是一些专业人士所拥有的知识。但它其实不是这样的。因为科学仅仅是认清一个问题，把它分解成可以理解的部件，一遍一遍地研究，一步一步地努力工作，直到发现问题的原因，最终发现解决问题的方法。

布鲁金斯儿童暨家庭中心和国家优先项目预算主任罗恩·哈斯金斯（Ron Haskins）说，很大一部分社会服务项目，花费数十亿元，却效果甚微或没有任何效果。许多项目甚至都不收集资料来决定它们是否要动工。

对于"3000万词汇倡议"项目和其他一些旨在提高孩子潜能、激发效果的项目，效果是很关键的。这就是为什么我们的项目的核心是科学，而不是意识形态，也不是我们所"相信"的东西。它们都强调认清问题，设计并磨合出有效的解决措施。我们的工作在面对问题或需要再次考虑的问题时绝不止步。我们的最终目标是确保所有的孩子都有机会发挥自己的潜能。这是我们和兄弟组织都致力于实现的。

资金当然是一个因素。虽然我们知道大孩子或成年人之中存在的大多数问题在三岁前就开始了，但是发现以充分的资源去开展科学的干预通常是比较困难的。

杰克·宋可夫（Jack Shonkoff）和他的同事正在开展一个动态研究，以及一个叫作创新前沿的开发平台。他们联合研究人员、医学从业人员、投资者以及专家系统地设计并测试新的想法，从没有用的东西上学到些东西。这一切旨在在儿童面对困境时的效果方面取得突破性进展。这里引用一下杰克·宋可夫博士的话，"转型变革除了需要慈善支持以外，还需要企业家在有科学依据的创新上进行投资……尽管改善质量和增加做到最好的方法仍然很重要，但是这个领域内的一些小的部分也需要一些支持，包括创新实验、执行、评估以及分享有用没用的知识方面。而商业驱动的慈善仅仅定位在支持这些重要的研发方面。"

创造更好生活的决心

我的方法和许多在这个领域工作的其他人的方法都是绝对的成长型思维模式。作为一名儿童发展研究中心主任和儿科外科医生，在手术室内可以看到所有潜在的惊喜。这让我再次确信了从解决生活中的复杂难题所领会到的：只要齐心协力，下定决心地努力，问题就能解决。

这种心态在我们倡议下的妈妈们身上都有所体现。

我和那些"3000万词汇倡议"项目的妈妈开会的记忆中，最难以忘记的就是，她们加入这样一个帮助儿童塑造大脑的项目是何其的兴奋。她们知道这是一个研究项目，对于如何去做，我们有着强大的、证据充分的想法。她们知道我们的倡议要确保它奏效。她们的热情也帮助了我们实现这些。

当我看到这些妈妈花费多少精力、体力和智力加入"3000万词汇倡议"项目时，我对她们油然地增加了一些敬意，尤其是看到她们在社会经济阶层的边缘生活是多么艰难的时候。在贫穷中挣扎是可以解读的，但在压力和困境中生活则是极其困难的。甚至"困难"这个词仅能形容其表面，只能加深我对这些妈妈的敬意。在这种情况下，她们仍然有动力、有决心为自己的孩子创造更好的生活。

这些妈妈的年龄在19~41岁。有些有一个孩子，有些有两个、三个或四个孩子。有的诊察台都是家庭成员，有的住在高犯罪率地区的公寓，这让我们派研究助手家访时都感觉犹豫。实际上，家访期间我们发现，这些母亲和孩子都正经历着暴力事件、严重的疾病与混乱。但经历了这一切，他们的决心并未动摇。我不得不感谢这些妈妈，我不得不因这些妈妈的坚韧顽强而感谢她们。我认为这是我前所未见的。

尽管一些妈妈已经开始对智力和学习采用的是固定型思维模式，但是当她们发现她们可以在孩子的学业成就、语言需要、正面强化的需要，以及稳定性方面成为关键因素的时候，她们就努力让自己成为孩子日常生活的一部分。

兼顾两代人的方法

然而，培养成长型思维模式并不意味着一夜之间就要成功。在家长和孩子身上都有着大量的与贫困、收入不均、机会不等相关的障碍。成长型思维模式不是仅仅凭借自己一个人的力量去解决问题，而是认识到我们所有人都有未开发的潜能，通过正确的项目方案和支持，才能够成功。

无论从慈善方面，还是从政府方面，一个影响项目整体成功的障碍都可归结于美国家庭与工作协会主席，《成长中的心智》（*Mind in the Making*）的作者艾伦·加林斯基（Ellen Galinsky）所说的"双流"。作为研究从童年到成年劳动力的先驱，艾伦·加林斯基说在为父母设计的项目和为孩子设计的项目之间一向是二分的。专注于孩子们的机构通常以家长为"代价"。人力开发 / 福利改革项目是典型的针对成年人的项目，通常很少考虑孩子，以孩子作为代价。结果是其中的一个或另一个处于没人管的状态，得不到帮助和支持。

一种兼顾两代人的方法发生了改变，通过同时建立教育、经济、健康以及与稳定性密切相关的安全基础，改善了父母和子女的生活。其依据是典型的家长和孩子双方的成长型思维模式。

这种方法第一次使用是在20世纪八九十年代，然而，兼顾两代的方法在当时效果并不是太好。看一眼那些结果，你可能就会放弃这种想法了。然而，进一步的调查为如何取得显著成功提供了重要线索。这些包括启动工作培训计划以及提供帮助父母实现精神支柱和养家糊口的双重角色的项目，而不是简单地安排工作。

兼顾两代人的方法是史蒂文·道负责的塔尔萨社区行动计划的一个组成部分。作为美国第一批兼顾两代项目之一，"职业提升"项目丰富了塔尔萨早期智力开发中心及其强大系统。它们都是高质量的以职业为导向的组织，为家长培训医疗卫生保健职业的知识，其中包括医疗助理、药剂师、牙医助理、理疗助理和护士。家长教育和培训是由塔尔萨社区学院与塔尔萨技术中心联手开展的。

职业提升项目有着协调的项目计划，将融合接纳孩子的早期智力开发中心以及对即将加入该项目的家长的指导帮助。虽然史蒂夫·道和他的团队做着令人羡慕的工作，但是他们还是用科学调查来确定什么有用和什么没用。与每个社会性的项目一样，所有的答案至今尚不清楚。但有一点似乎是确定的，那就是项目对于父母和孩子都是重要的、积极的、有建设性的。

"3000万词汇倡议"项目的两代人经验

许多参加"3000万词汇倡议"项目的妈妈曾告诉我们，她们多希望完成"3000万词汇倡议"项目后,她们也能够追求自己的教育。在见证了她们帮助孩子茁壮成长的难以置信的力量后,她们再次唤醒了自己的梦想,这也可能会改变她们对自身潜能的固定式思维模式。这将是一件鼓舞人心的事情。

7

第七章

重视父母的语言，融入育儿文化

儿童潜能，重中之重

> 你永远不知道你的付出会收获什么，但是你无所事事的话，一定不会有任何收获。
>
> ——莫罕达斯·卡拉姆昌德·甘地
> （Mohandas Karamchand Gandhi）

一个重视儿童培养的国家一定拥有一种品质。这种品质稳定、高效、智慧，能为国家提出建设性意见，以帮助其解决问题。

所有人、所有国家都会遇到问题。而人与人之间、国与国之间的差距，不在于是否遇到了问题，而在于怎么解决问题。一国之中，若许多孩子都无法释放出他们最大的潜能，那么这个国家也无法释放出最大潜能。每个人都思考同一件事，并不是一件好事，而且一个国家的至高决议必须建立在可靠的、理性的思考之上，而非感觉。如果一个人想要思考全面、理性的话，那么他的大脑在幼年时期就必须得到充分的发展，而这一切都离不开可靠、科学以及便利的教育。

我们该怎么做呢

孩子最初的语言环境决定了孩子的学习轨迹。在美国，学业优异与学业欠佳，甚至辍学的学生之间的落差十分巨大。其实"巨大"这种说法，已经相当委婉。

然而有研究已经向我们展示了落差的缘由，如今只缺乏有效的解决手段。所有的父母，事实上，包括这个国家所有的成年人，都得意识到这个问题，并且了解一些必要的解决手段，这样美国才会听到他们的声音，他们也才能融入这个国家。

阿图·葛文德（Atul Gawande）曾在《纽约人》（*New Yorker*）杂志上发表过一篇名为《思想停滞》（*Slow Ideas*）的文章。文章见解深刻，阐述了创新思维是如何被人们所接受的。是什么让一种理念得到传播的呢？是什么让人们接受或者唾弃一种理念的呢？又是什么让我们想要成为理念的传播者呢？

19世纪，医学界有了两项重大发现：麻醉和消毒。前者防止了在手术过程中产生的剧烈疼痛和患者的猛烈抽搐，后者避免了术后伤口遭受细菌感染，而在当时，感染现象十分普遍，许多外科医生还坚信伤口化脓属于愈合现象。这两项发现，无一不和当时的社会认识格格不入。但最终只有一样被人们所接受，那便是麻醉。因为人们认为，手术间隙洗手、换手术袍都是浪费时间。

J. M. T 芬尼是一名外科医生，他回忆起自己19世纪在马萨诸塞州综合医院实习的时候，也很少洗手。但是，医生们还是会把手术器具放在石炭酸溶液中消毒，然后穿着满是血渍和内脏残留物的手术袍继续进行手术。"这些都是忙碌的象征。"为什么？是什么让人们接受麻醉而不接受消毒？正如葛文德所说，麻醉的效果从肉眼上看更加明显，而且人们对麻醉的需求更加急迫。

"人们一直在与一个可见的、亟待解决的问题做斗争（疼痛）。然而，一个看不见的问题（细菌）要在术后很久才能显现。"葛文德如是说道，"许多重要的思想皆因这种模式而停滞不前。"

潜能差距导致成就差距

只要稍稍看一些数据，你就会发现学生之间的成就差距从幼儿园到12年级都十分明显。这几乎无法避免。同样，这些孩子长大成人后也无可避免地存在成就差距。

出生后的三年内，从某方面来说，这段时期相对难以看出孩子们之间的差距。实际上，成就差距在孩子出生后九个月便已经存在，只不过相差太小，只能通过数据才能反映出。在没有对比的情况下，我们可能认为孩子存在的问题，就出现在我们开始观察他们的时候。一般来说，人们只会在发现问题后才会采取措施。哈特和里斯利以及一些敏锐的研究者发现学龄期孩子存在的种种问题都是他们早期问题的临床表现，只是如今更加明显而已。

当问题出现的时候，知道存在问题不等于知道如何解决问题。而要设计出一套合适的解决方案首先需要找出问题所在。尽管哈特和里斯利已经建立了一套理论，认为早期语言环境是学习成绩不理想的一大诱因，但是他们依然需要用确切可靠的数据来支撑这一理论。

然而，如我们所见，发现了问题的缘由不等于找到了解决之道。就像医生们了解了感染和败血症之间的联系，但是手术流程里面依然没有洗手和换衣环节。寻找解决方案需要时间，哪怕医生们都懂科学。只有当人们发现入侵细菌是罪魁祸首、容易夺人性命这一事实时，感染这一概念才会被纳入外科手术考虑的范围，然后，手术流程才会改变。这样，外科医生进入手术室之前就会开始彻底洗手，佩戴无菌手套，对病人手术部位进行消毒等。这些都会毫无争议地被迅速推广施行，同时效果高于预期。但是，一切都需要时间，毫无疑问地，也需要牺牲。

早期语言环境对于儿童的头脑发育极其重要。要让儿童的大脑得到充分发育，必须有一套行之有效、精心设计、随时可用的支持体系。而在此之前，早期语言环境的重要性也应该被大多数人所接受。如果大多数人无法接受，那么就会如葛文德所总结的那样成为停滞了的思想，而这样的思想是无法引领人们找到行之有效的解决方法的。

儿童，未被开发资源之最

美国资源丰富，拥有石油、天然气、煤炭、铜、铅、钼、磷酸盐、稀土、铀、矾土、金、银、水银、镍、碳酸钾、铁、钨、锌、煤油以及木材。美国的煤炭储量世界第一，全球 28% 的煤炭资源都在美国。同时，美国还是全世界第一大经济体。

但是实际上，美国最伟大的资源还未被发现，那便是儿童。当今世界，全球化速度不断加快，美国若想在其中占有一席之地，其民众思想的高低、分析问题的透彻程度以及是否能够建设性地解决问题都与之息息相关。今天美国的重担在我们肩上，而明天我们的下一代会取代我们，将这个国家建设得更加繁荣、理性和稳固。我们面临一个选择，是尽全力确保儿童的良性发展以培养高质量的下一代呢，还是什么也不做。

父母的语言，第二大资源

在早期语言环境中，父母和孩子交谈时，说的话的数量和质量是一种极其宝贵、亟待开发的资源。这不仅仅对于美国，而且对于全世界都是如此。

哥伦比亚大学贫困儿童国家研究中心的研究显示，2013年大约3200万美国儿童生活在低收入家庭，而其中有1600万生活在贫困线之下。虽然有特例，但是一般来说，大多数这样的儿童之后不会接受太多的教育，因此我们也可以推测他们一生中也很难有什么学术成就。研究还显示，这群孩子的父母绝大部分都希望自己的孩子能在学业上有所成就，然而迫于自身和社会原因导致的贫穷，无法给孩子提供相应的支持，于是希望永远都只是希望。

其实这群孩子并不是都得重复这种命运。然而就目前来说，在美国，还没有相应的解决方案。为了我们的孩子，为了我们的下一代，我们得开始改变这一切。只要我们行动起来，通过精心设计、密切监控的项目，毫无疑问，这些问题一个个地都会豁然开朗起来。我们所需的是足够的投资。这种投资是睿智的。自然，人们会对该投资的价值进行十分精确的讨论。诺贝尔奖获得者詹姆斯·赫克曼曾说过，我们在高质量的早期教育上为贫穷儿童投资的每一分钱都会得到7%～10%的经济年增长率。同时，这些贫困儿童也会在学业上和言行上有所进步，成年后还会有更高的生产能力。

但这本书只有论文材料，并没有其他材料作为支撑。认识到该问题只算迈出了第一步，而长期的解决方案需要每个人的关注。只有我们齐心协力，这些精心策划、科学指导的项目才能顺利施行，以改善我们的孩子的现状。

谁是"我们"？我们指的是那些明白该问题的存在，同时也是该目标的坚定守护者和支持者群体。我们是一个具有首创精神的组织，旨在给孩子和家庭提供语言服务，如有需要，可以签订协议保障他们的成功。我们是公私合作部门，或大或小，能为家庭提供他们所需的支持和服务。我们是一个团队，不断传播信息以让家长们明白孩子们头三年所处语言环境的重要性。

毕竟，我们不仅仅是单纯相信这个理念的人。我们依靠科学，找出问题所在，并且通过自己寻找解决之道。如果要问，这其中的激情是什么，那么便是确保每个孩子都有机会释放他的最大潜能。当项目出现瑕疵的时候，我们不会因此气馁，这只会驱使我们更接近成功。我们的至高使命是提高孩子们的生活质量。

怎么才能使大部分人认识到父母语言的力量呢？2007年刚刚创立这个项目的时候，我就开始思考这个问题，直到2013年的秋天，我才有灵感。

2013年，白宫技术政策办公室邀请我的团队帮助其组织一场名为"跨越3000万词鸿沟"的会议。除了我们，美国卫生与公共服务部、白宫技术政策办公室、社会创新与公民参与办公室以及美国教育部这四个部门也参与到了会议的组织工作。会议召集了全美上下众多学者、执业医师、投资家、政策制定者以及意见领袖，共同讨论了诸如照顾干预一类的、适用于解决美国成就差距这一问题的方式与策略。

举办大会的原因部分是因为《助推》（*Nudge*）一书引起了人们的兴趣。这本书由理查德·泰勒（Richard Thaler）教授和卡斯·桑斯坦

（Cass Sunstein）教授共同编写完成。该理论立足于行为经济学，认为一些小的焦虑和社交说服就能引发某种群体行为。这种理论适用于所有情况，小到"孕妇吸烟"大到"把封闭的阁楼捐给慈善机构"。理查德·泰勒在《纽约时报》（*New York Times*）上发表的一篇名为《公共政策，为人民而生》（*Public Policies, Made to Fit People*）的文章中指出"行为助推"理论可以用来缩小成就差距。这篇文章着重提到了我们的项目，同时还提到一个名为"普罗维登斯家访"的项目，该项目因率先在全市开展家访服务被授予了"彭博市长挑战奖"。

讽刺的是，这场会议本应达成一项各州政府间的合作计划，然而在最后关头，某个州政府的退出使得联合会议无法顺利进行。还好，最终结果还算令人满意。实际上，各州在会议上还是达成了广泛共识。许多知名社会科学家在本书中也有所提及。让如此多的专业学者、执业医师、投资家以及政策制定者集聚一堂，共同商讨同一个问题，即如何跨越语言习得/语言接触量鸿沟，或是"世界鸿沟"，结果一定是喜人的。

行为助推理论实际上非常有趣。细小的行为助推也能对父母早期的语言行为产生积极的影响。理查德·泰勒和卡斯·桑斯坦的这一理念给予了这一观点极大的鼓舞。改变父母早期的语言行为是解决这一难题的第一步。想要获得群体性的自发改变，我想可能还需要额外一种更加具有活力的动力。认识到了这一点，我便开始了"3000万词汇倡议"这一项目，其中就包括了群体改变这一设想。

我从未把家访项目的重复视作项目的最终目标。然而，我认识到，要使父母语言的力量为更多人所熟知，它的重要性就得成为美国国内一大热点，进而在产科诊所、产科病房、医师办公室、产前护理课堂之中,更重要的是在父母之间传播。这个设想在我们的会议论文《缩小早期语言差距:扩大计划》(Bridging the Early Language Gap: A Plan for Scaling Up)中有所体现。

传 播 消 息

如果人们普遍了解父母语言对于大脑的发育有着不可或缺的影响,他们的这一了解还得成为一股统一的社会思潮,融入文化之中,每一对新生儿父母的耳边都会回响着:"和你的小宝贝说说话吧,好好说,你的小宝贝会有所回应的。"

我必须得强调,我并不是说要改变说话习惯,也没讨论文化语言学。早期语言干涉不需要改变个人用语,也不需要改变个人常用表达。大家应该把注意力集中在父母和孩子的互动上,这一种互动能够提升入学准备量,包括轮流谈话和回应性语言,因而鼓励父母多对孩子使用尽可能自然的语言、语言模式,以及故事。

一个成功的、全民参与的干涉计划应涵盖不同人群及与其文化、道德以及民族背景有关的音频、图片、歌谣、故事。

一项重要的公共健康指标

美国十分重视公共健康指标,其中包括疫苗接种率和早熟率这两项指标。如果儿童的早期语言环境是头脑发育的一大催化剂,那么儿童头三岁或是头五岁的语言环境便是国家健康的晴雨表。这种类似于LENA的专门设计的技术，能够作为一种公共健康策略促进儿童大脑的发育。

至于该项技术未被推行的原因是，孩子在未入学之前很难追踪他们的生活状况。但是在1200万名五岁以下的儿童中，几乎所有都接受过中心式的儿童保育。这种环境十分适合检测儿童的早期语言环境，包括测评长期学习中的变量。在家的看护者同样有机会从词汇层面观测儿童的语言环境。

早期的学习社群让我认识到了观测和改善早期语言环境的重要性。但是，雪豹预防基金质量推进主任安·汉森（Ann Hanson）指出，要使得这一切发生，我们得经受巨大的挑战。"我们目前在监测早期学习项目中的许多重要的质量指标，从教室结构、护工资质到师生互动，但真正的机会在于专注于最重要的事情。如果科学告诉我们早期语言环境对于孩子的发展至关重要，我们必须明白哪种工具或者手段能够给予教育者准确、及时、有效的数据和策略，以帮助其改善孩子的早期语言环境。"

安·汉森同时也指出了另外一大缺陷。在对学习环境的质量，包括语言和生活，进行广泛测评时，这些测评的效果也是有限的，因为这些测评一年才进行一次。要是能把早期语言环境测评看作一种不可或缺的公共健康指标的话，我们就能得到更为即时的数据，这对于提升和完善早期语言项目具有指导作用。

华盛顿大学副教授、育儿质量和早期学习研究与职业发展中心主管盖尔·约瑟夫（Gail Joseph）教授一直致力于这项研究，特别是在研究育儿条件的语言环境方面。虽然研究仍处于初级阶段，但是她和她的同事正通过 LENA 在育儿师和孩子的语言方面寻找一种适宜的关系。她们关注的不仅是聊天的单词量和交流的时长，还有孩子的关键观点的表达。她希望能识别出一套可行的关于语言环境的参数，并用于评估育儿质量。这些通过检验的标准也会被纳入国家早期学习标准中，为看护机构的质量评估和改善指导提供相关参数支持。

优良的儿童语言环境同样能帮助幼儿育儿师设计训练计划。这些数据也能纳入儿童发展成员证书的颁发标准、儿童教育初级资格认证标准，同时也可以被用于指导儿童早期学习环境的项目。能让成千上万名儿童家长在育儿方面放心，便是让他们知道他们的孩子正处于一个高级的早期语言环境中。育儿师也向接受家访的家庭提供指导。就像公共健康服务一样，每个社会经济阶层、每个社区、每个人都能享有这种服务。

医 疗 系 统

医疗系统，除了能给几乎所有的孩子提供医疗服务之外，也是让父母们了解早期语言环境重要性的一个可行平台。从理论上来说，医疗系统也是这样设计的。但理想并不总是与现实相符合。

根据儿科医师、作家及国家儿童阅读推广计划医疗主任佩里·克拉斯（Perri Klass）医生的说法，儿童护理医师和护士必须得明白指导父母帮助儿童发育的重要意义。他们还提供建议，这种建议被称为"预期指导"。"预期指导"主要用于应对儿童在成长中可能面临的改变，以及指导父母如何保证孩子发育得健康又安全。但是交流推广需要时间，甚至会占用医院盈利时间。在许多诊所中，儿科医师都在紧张地向病人展示更多看得见的东西，而对那些看不见的东西就不太关心了，这其中就包括具有发展意义的"预期指导"。"预期指导"能帮助父母了解语言环境在儿童终身发展中的重要地位，因而需要医生具有一种"有时间就进行推广"的状态。

"我们一直觉得时间非常紧迫，"克拉斯医生说道，"我们有好多东西要检查，若是漏掉了某个白血病病人的病理诊断或者罕见诊断，我们就会整晚失眠。但我们也知道对许多孩子的行为和成长进行预期指导十分重要。我们需要找到一个方法，能让我们在短缺的时间内二者可以兼顾。"

希　　望

玛雅·尚卡（Maya Shankar）和她的同事于2014年10月在白宫科学技术政策办公室举办了第一场名为"跨越世界鸿沟"的会议。有两个组织协助举办了这次会议，分别名为"小则胜"和"城市研究所"。众多参与者承诺要"缩小世界鸿沟"，政府同样也宣布支持这一议题。美国卫生与公共服务部赞助的名为"跨越世界鸿沟研究网络"的奖项，基于贡献，颁给了堪萨斯大学杜松花园计划，包括戴尔·沃克（Dala Walker）教授，她完成了哈特和里斯利第三阶段的跟踪研究。她和她的同事朱迪思·卡尔塔（Judith Carta）教授、查理·格林伍德（Charlie Greenwood）教授，作为哈特和里斯利教授的学术继承者，一直在圈子里继续着他们老师的研究。

这些项目致力于解决孩子们学业成就不高的问题，已取得令人惊喜的成果。下面列出的都是最具代表性的例子，这些例子以及其他许多项目在附录中都有详尽的描述。

> 教育照顾
> 创造中的思维
> 普罗维登斯对话
> 延展和阅读
> 宝贝对话
> 小则胜
> 瓦鲁姆

与上述项目类似，我们的项目都是为了帮助父母们了解影响孩子们成长过程的重要因素，而这也为那些联邦政府和大多数人都支持的项目打下了坚实的基础，因此被纳入了国家计划，旨在保证儿童的入学准备、长期学业以及个人成就。

"3000万词汇倡议"项目的创立

"3000万词汇倡议"项目的最终目标是让人们都注意到改善儿童早期语言环境的必要性，并为相关项目的启动增添士气。我们全情投入，决心保证每个孩子都有机会释放他的潜能。这一路上，全凭科学理论为我们保驾护航。

"3000万词汇倡议"项目研究的主要方向一直都是在改进课程上，

这些课程适用于许多现有条件，包括新生儿病房、儿科办公室、家访项目、育儿项目以及社区组织等。虽然"3000万词汇倡议"项目能适应各种特殊需求，但其基本原则还是不会改变的：孩子并非天生聪明，而是父母和其他照料者与孩子的交流让孩子变得聪明的。3T原则是丰富孩子早期语言环境的核心方法。

"3000万词汇倡议"项目中的一份重要附件资料可能会建立一种父母语言，通俗地讲，当儿科医师、妇产科护士以及早教教师等使用3T原则交流时，父母们能马上明白过来。除此之外，专业人员，包括早教人员和育儿人员，线下或者线上都能接受3T原则训练，帮助他们明白日常看护中语言的重要性。医疗保健和教育两个领域的专家互动，比如育儿师和父母们，合作起来，能为孩子建立起一个以文化为基础的智力交互社区。

科技也能在许许多多方面起到帮助作用，比如让更多的人们了解这个项目。我们的线上课程还有其他的优点，比如说嵌入式技术，它能帮助评估不同策略的效果，而这也能使技术本身得到提升，必要的时候还可以进行修正。匿名使用还能完善项目本身。我们预测"3000万词汇倡议"项目的数据支持会由一个类似于可汗学院的交互网站提供，该网站能向每个家庭的婴儿和儿童提供免费、简易、有数据支持的早期语言项目。

何时才会出现持续的变化

世界上所有的儿科医师、医疗工作者以及教育工作者都知道孩子

第七章 重视父母的语言，融入育儿文化

出生后头三年的语言环境是多么的重要，但如果父母没有意识到这一点，那么一切都等于零。儿童早期语言环境尤其依赖父母和育儿师。没有他们，儿童就不能得到必需的成长。当我自己开展"3000万词汇倡议"项目的时候，我会看着孩子的脑袋，想象他说话时，头脑中成长着的神经元之间摩擦出的思维火花。现在，当我看到那些悉心照顾孩子的父母时，我总是在想："你的力量超出你的想象，真希望你能明白这一点。"

当我们结束对"3000万词汇倡议"项目家访课程的初步研究时，我们将妈妈们召集在一起，倾听她们的反馈：哪些方面效果比较好，哪些方面效果还不够，对于课程形式是否还有其他建议。父母们对此表现得十分积极，他们的反馈为我们的下一次家庭研究提供了重要的参考。

我们采集的信息十分丰富。虽然妈妈们相互之前都没有见过，但在我们挨家挨户的家访中，她们却像同属于一个委员会一样熟悉彼此。显然，她们知道自己对于这项研究的意义，她们也明白只有真实反馈才能保证项目的顺利进行。在她们反复斟酌某项决议的时候，仿佛有一种社会联系存在于她们之间。她们向我们分享想法的时候，我能感觉到她们真诚地想要帮助我们的项目进行改善。我们的这个项目，让她们感受到自己不可或缺。

她们讨论时会说出自己的所学，以及自己是怎么学以致用的，有一些妈妈甚至说到，自己虽然已经累到不想讲话了，但是还是坚持与孩子交流。那些最开始 LENA 得分很低的妈妈，如今交流起来像个专家一样了，很高兴能为社会做一点微不足道的事情。和妈妈们的交流不仅对于她们，对于我们也很有启发。她们远不止给予了我们所需

的课程反馈，给我印象很深的一点是，她们还告诉了我们如何宣传以及为什么要宣传。为了展现这些妈妈的先见之明，让我们记住这是在"缩小语言鸿沟"运动开始的前几年。她们在创造性、参与度甚至认识自我需求等方面，显然都超越了当代的人很多很多。

但是我却认识到了更多她们没有认识到的东西。她们谈到要通过公告牌和妇女儿童办公室来宣传"3000万词汇倡议"项目，这些办法真的是宣传本项目的最有效的方法，我是对的。之后我们发现这些妈妈不仅和她们的同事、教会会员分享"3000万词汇倡议"项目，部分妈妈还将3T原则传授给了她们有孩子的姐妹，希望她们也能使用这个方法。

努希尔·孔特拉特（Noshir Contractor）教授和莱斯利·蒂奇兹（Leslie DeChurch）教授在文章《将社会网络与社会动机相结合，造成大规模社会影响》（*Integrating Social Networks and Human Social Motives to Achieve Social Influence at Scale*）中提到如何将"科学发现应用到公益事业"中。他们的研究目的在于建立一个框架，能让某种重要的科学理论在某个社群生根发芽。而写这篇文章便是为了传播创新思维，让早已扎根于科学之中的创新思维，传播到大众当中去。当然，他们本人也需要转变思维方式，从掌握真理的科学家的角度过渡到人民大众的角度去。两位教授还从两个方面追踪了某个群体意见领袖的态度和言行，一是言行转变速度，二是创新思维的接受度。我们把意见领袖定义为：一种人或是某一群体"收集和掌握了一个群体内部大量的态度变化以及新表现"的人，也就是那些让阿图·葛文德的"慢想法"变成"快想法"的人。

妈妈们在"宣传"方面的贡献是不可忽视的。

宣　传

宣传是"3000万词汇倡议"项目不可或缺的一环。宣传把每个父母视为重要的意见领袖，他们在改变态度、推广创新，以及解决问题方面都扮演着十分重要的角色。虽然我们已经十分擅长宣传，但在"3000万词汇倡议"项目处于摇篮阶段的时候，是詹姆斯让我真正了解到一个人可以多么高效。

詹姆斯的故事

"为什么我会告诉朋友们？"詹姆斯说道，"我告诉他们，是因为我想让他们的孩子也有我孩子身上的优点。我不想只有马库斯一个孩子知道，或是马库斯因为这一点而占有绝对优势。"

这就是在讨论如何宣传"3000万词汇倡议"项目时，詹姆斯在他的发言末尾说的话。也许这是我迄今为止听过的最无私、最有社会观的想法之一。是的，詹姆斯不想让他的孩子"比其他所有的孩子都更优秀"；是的，他不想让他的孩子学得的知识比任何其他孩子更多；他想让每个孩子都能得到像他想要他儿子得到的那样多。

高中毕业的詹姆斯个子高高的。20岁出头的他热爱音乐，在沃尔玛做仓库管理员。对于如何让他唯一的孩子大脑得到最佳发育，他有着自己一套独特的见解。詹姆斯的宣传和传统套路不一样，日常生活中他在Skype上和生在亚特兰大和印第安纳波利斯的朋友们聊天，和他儿子的育儿师沟通，甚至还把他的哥哥雇用到了这个项目。如果宣传一开始是"3000万词汇倡议"项目的一部分，那么如今已经成为詹姆斯自身的一部分了。尽管詹姆斯传播的消息并不是和项目想要传播的都一致，但他的每一条消息都十分清晰，并且具有建设性。

我是在耳鼻喉诊所认识詹姆斯和他的儿子马库斯的。马库斯在他的带领下来定期复查耳部感染和慢性呼吸疾病。父子之间感情非常好。第一次见到马库斯的时候，他才仅仅13个月大，他非常爱他的父亲。这么深厚的感情很少见，但我确实记得那是我第一次见到他们时的情景，这并非因为我通常看到的都是妈妈带孩子一起来，也不是因为他们的社会经济地位，更不是因为小马库斯总是穿得很不错——父子俩都穿着耐克，看起来很搭，那会儿马库斯甚至还不会走路呢。很明显，詹姆斯真的很喜欢马库斯，他为身为他的爸爸感到自豪。

"他总是在微笑啊，玩啊，大笑啊什么的，还经常大叫，他什么都学。他就是我的生命。每天起床的时候看到他，我都会情不自禁地扬起我的嘴角，"詹姆斯说，"我不知道他什么时候能开口说话，或者什么时候他起了床，或者他做了一道数学题什么的，想想都好开心啊。"

他深吸了一口气。

"老实说，一开始我并没有准备好当爸爸的，但是他一到来，我的整个人生就变了，我不得不马上成熟起来。从他出生的第一天2月12日开始，我就尽全力让他比当年差不多大的我更优秀，我给了他我小时候未曾有过的开始和优势。"

我的门诊里几乎没有参加过"3000万词汇倡议"项目的。但詹姆斯有些特殊，他的父子关系和人生哲学让我最终下了决心。在一次诊疗中，我问他是否想了解到更多能够促进马库斯大脑发育的知识。

过了一会儿，我问他为什么接受了我的邀请，他回答道："我想我能和儿子一起成长。"回答得太好了。

即使詹姆斯只能在工作之余学习"3000万词汇倡议"项目的课程，他也确实做到了，并且就像海绵一样吸收了课程知识。

"'3000万词汇倡议'项目教会了我如何共情关注：当我儿子在地板上，比如在玩玩具钢琴的时候，我应该关掉所有的电子设备，手机啊，电脑啊，电视啊什么的，真正地坐下来和他聊天。我会给他弹奏B降调、C升调等不同的音调。当他在玩鼓的时候，我会坐下来和他一起玩鼓。玩的次数多了，我也就知道如何加入进去和他一起玩了。在教他的同时，我也学到了很多关于他的东西。自己能亲自参与孩子大脑发育的感觉真的很棒。比如他有时候会自己嘟哝些什么，有时又的确是在说些什么，我给他讲故事他会重复我的话，我们弹钢琴的时候他表现得十分的专心，或者我在描述一件事的时候他似乎盯着什么东西看，我摸了一下又转过头来看着我，好像在说'这就是你说的那个东西吗？'这些事情都让我感觉……真的……很兴奋。"

他讲这些的时候，我并没有感到出乎意料，因为我很了解詹姆斯。我真正感到意外的是，一个酷酷的小伙子就这么开始宣传了，几乎是在刚开始的时候，他就这么积极主动。

亚伦是詹姆斯带来的第一个参与者。

"我给弟弟亚伦介绍了'3000万词汇倡议'项目。当我首次介绍这个项目给他的时候，我正在家里照料马库斯，我关闭了大大小小包括手机在内的所有电子产品，我能看出他并没有真正地相信我说的话。于是我当场给我弟弟演示起来，我坐到地上，像往常一样开始用心倾听马库斯。亚伦的表情彻底改变了。接着，我开始加入到马库斯的游戏中，就像空谈不如实践一样。此时，亚伦被完全吸引住了。从那以后，亚伦开始和我一起参加'3000万词汇倡议'项目的课程，现在他也正和他的儿子一起做他们一同学到的东西。"

"我很多朋友都有孩子，我也把自己在'3000万词汇倡议'项目中学到的东西分享给他们……包括3T原则的内容。我已经将我学到的所有东西都教给他们了，他们平时和孩子在一起的时候也照着这些在做。我在佐治亚州有一个朋友名叫莫拉，我们平时通过Skype联系。我已经将3T原则，也就是共情关注（Tune in）、充分交流（Talk more）和轮流谈话（Take turns），教给了她。现在她都用在和她家的小男孩的交流上了。珍妮是我在印第安纳波利斯的朋友，我们平时也是通过Skype进行交流的。她学会了这套方法，并将它用于和女儿的交流，现在，她的女儿能用很多很多的单词来描述一个东西了。实事求是地说，只要他们听说了这个项目，他们就会或多或少想进行一下了解，也许有的东西他们并不知道，所以我才做了这样的事。每次我学到了一些东西，我就会在Skype上教给他们。"

詹姆斯不断地把这个项目介绍给他的朋友。

"我也给马库斯的生活老师介绍过'3000万词汇倡议'项目。她对这个项目有一些模糊的印象，但不知道共情关注，也不知道如何正确地教孩子看电视。当我学会了新东西的时候，我就会教给她。她就会在照顾孩子时用上，比如要在午觉前、吃饭的时候给孩子们读书。当她带孩子们出去亲近自然的时候，如果有一个小朋友捡起了一片树叶之类的东西，那么她就会向孩子们描述那片叶子，再说说叶子是哪儿来的等能让孩子们感兴趣的事情。"

"我觉得宣传'3000万词汇倡议'项目和父母语言的力量都是很

重要的,因为我给一个朋友提过这个项目后,我的朋友又会告诉他的朋友,这样一传十,十传百,类似于多米诺骨牌效应。就这样没过多久,我们身边的孩子就都很聪明了。"

詹姆斯一直都爱着他的儿子,当他完成了这个项目之后,他培养马库斯的信心更足了,同时,他对儿子的信心和使命感也与日俱增。而这份自信,我想,已经传递给了其他人。

詹姆斯阐述了当父母了解到自己孩子的巨大潜力后所发生的一切。他也通过例子证明了需要资源的父母们得到资源后发生了什么。詹姆斯不单单是一名称职的父亲,他也是我们的最终目标——让父母融入我们的项目中。

为了孩子的未来

美国有大量令人震惊的资源,但是美国还存在着严重的问题,有人道方面的问题,也有语言方面的问题。许许多多孩子面临一个未来,一个潜力完全没被发掘出来的未来。这样的未来一方面会影响到他们,另一方面更多地会影响到这个国家,影响到他们将会生存的世界。

我们知道问题所在;我们知道解决方案;我们知道应该开始做什么。

几乎所有的父母都能为孩子创造必要的语言环境,进而将孩子大脑的潜能开发到最佳状态。

每个孩子都有权利获得必要的语言环境,从而让自己的大脑得到应有的开发。

如果各个地方的每对父母都能明白和孩子说话并不仅仅是为了说出单词，而是为了在大脑中建立一个语言区，进而使孩子成长为一个意志坚定、懂得体谅他人又聪明的成年人，并且人人都支持这种观点，那么这个世界将变得十分美好。

一个国家想要释放出自己的全部潜能，必须先将其人民的潜能发挥出来。想达到这一点，孩子、父母、社区的支持都很重要，缺一不可。这涉及坚固、安全的建筑、足够的工作机会、丰富的医疗资源，等等，当然，还有设计完善的早期儿童项目。

为了孩子们的未来，为了国家的未来，为了世界的未来，我们必须做到这一切。

愿我们能够齐心协力。

附录　幼儿教育组织和资源

当下孕育希望

目前，美国国内有一些特殊项目正在积极运作，以解决孩子成长中的问题。

小则胜

"小则胜"的"说即教"活动提出"讲，读，唱"的口号。作为非盈利组织"下一代"和克林顿基金的合资项目，"小则胜"囊括其合作方的主要电视制作商，包括优尼视觉、文本宝贝、芝麻街、美国儿科学会和其他制作商。"小则胜"与文本宝贝和芝麻街联合启动了文本父母项目。该项目为初为父母的夫妇提供一些基于调查得出的提示，让父母明白他们同自己的新生儿说话、阅读和唱歌的重要性。这项服务在美国国内的受众预计达 820 000 名父母。他们的信息以一种极具创造性的方式植入畅销电视剧《女子监狱》(*Orange Is the New Black*)中，这与芝麻街的做法相仿，父母通过看电视可以获得一些基于科学的对话小意见。

宝贝对话

在佐治亚，全国性公共健康与教育项目，"宝贝对话"（TWMB），旨在将父母和护理人员打造成为他们孩子的"对话伙伴"，其目的是为更高层次的教育滋养关键大脑层。"宝贝对话"将"语言营养"训练作为培养育儿专家的一个重要组成部分，其中包括已与父母和孩子共事的护士和营养学家们。

佐治亚的公共健康部门间的合作促成了这次创造性的活动，他们将语言掌握视为一项公共健康问题。参与工作的部门包括佐治亚教育部、亚特兰大演讲学校、埃默里大学护理学院和儿科部、亚特兰大马库斯自闭症儿童医疗中心、佐治亚阅读和佐治亚分级阅读活动。

延展和阅读

国家级"延展和阅读"项目成立于1989年，属于非盈利项目。该项目培训医疗提供者，并为其提供帮助。这些医疗提供者包括儿科医生、家庭医生和护士，他们会在日常检查中提醒父母给孩子大声朗读的重要性。同时，他们还会给每家儿童提供适龄的读物。"延展和阅读"和5000所诊所健康中心合作，在50个州实施。每一年都为逾 40 000 000 名儿童提供 6 500 000 本书籍。此项数据表明，该项目对儿童产生了重要的影响。在学前阶段，相较于没有参与"延展与阅读"项目的儿童，参与该项目的儿童在词汇测试中的智力表现要领先3～6个月。

教育照顾

"教育照顾"由昂斯预防基金会创办,旨在为早期儿童教育创办项目、提供场地、培养合作关系和创建平台。那些有入学后受挫风险的孩子,我们让他们从出生起到五岁一直接受整年整天的教育。事实证明,项目实施的结果非常好。全国平均值统计数据表明,参与"教育照顾"两年或两年以上的儿童表现出和刚上幼儿园的儿童相同的水平。

"教育照顾"有科学依据。在很大程度上,该项目依赖于文献调查数据来开展教学实践和选择评估方法。该项目中有训练有素的早期儿童教育家,他们的目标是帮助父母建立良好的亲子关系,以此来优化孩子的成长。父母的"教育照顾"始于产前,一直持续到孩子5岁。强化项目涉及一些能够提升孩子学习能力和社会情感发育的策略。如果孩子去上学了,那么"教育照顾"会通过社工和早期干涉者来继续帮助父母进入社区和获取在线资源。"教育照顾"的报告指出,父母更希望能够参与校园活动,并且和老师讨论自己孩子的学习情况。

创造中的思维

艾伦·格林斯基是家庭与工作研究院的主席,领导"创造中的思维"项目。该项目分享了儿童与普通人、家人和专家一起学习时所呈现出来的科学现象。这能够使家长明白,自我管理作为一项执行力的重要性。该项研究基于格林斯基所称的"每一个孩子必需的7项生存技能"，包括自控、观察、交流、建立联系、批判性思维、接受挑战、自主决定和深度学习。这赋予了父母一些策略和技巧，有利于培养孩子的执行力和认知能力。这些项目包括 7 项必备技能学习模块，已在美国 15 个市区及州实行。一份内含 42 份录像的 DVD 展现了儿童发育研究中的重要实验。"学习的良方"是一份可供下载的清单，父母和专家们可以根据这份清单将每天的行为挑战转化为可以提高生存技能的机会，这其中包括执行力。该项目还和"第一本书"合作，它是一个小型图书馆，有 100 多本儿童读物，也提供了一些能够提高生存技能的小点子。

瓦鲁姆

瓦鲁姆由贝佐斯家庭基金会成立，创建宗旨为"每一位家长拥有成为大脑建设者的才能"。基于社区的组织和代理商可以使用材料中的一些工具来解密大脑发育的过程。消费者会在日常消费时产生大脑构成提示。该项目还有一个免费的手机软件。父母下载了这个软件后，需要填写自己孩子的年龄，这样这个软件才可以针对孩子的需要给出建议。像"日常瓦鲁姆"这样的信息可以为洗澡时间和吃饭时间提供一些日常的活动，在这些时间段孩子的大脑发育和执行力可以得到增强。综上所述，瓦鲁姆活动致力于促进父母和孩子间的正面交流。

普罗维登斯对话

普罗维登斯对话是一项早期的家访形式的干预项目。该项目借助于 LENA 技术和每周两次的训练来帮助家长丰富自己孩子的早期语言环境。2012 年，在彭博慈善基金会举办的市长挑战赛中，该项目拔得头筹。"普罗维登斯对话"和布朗大学合作评估该项目的城市影响力。

波士顿素质运动

波士顿素质运动始于曼彻斯特，由黑人慈善基金会、市长教育内阁和哈佛大学成就差距项目联合提出。该项目围绕着 5 项主张（波士顿素质）展开早期儿童教育和看护。在国家咨询委员会的领导专家们的支持下，成就差距项目从研究文献中提出了这些主张，并且在波士顿早期学习社区中试用。合作伙伴的数量日益壮大，包括 WBGH 公共广播、达德利街社区活动与一群早期教育和教育服务商，他们正在让波士顿素质运动成为波士顿早期儿童看护的中心。

快来加入我们吧！

Alliance for Early Success
    http://earlysuccess.org/

Campaign for Grade Level Reading
    http://www.Gradelevelreading.net#sthash.PgI8D6HI.dpuf

Council for a Strong America
    www.councilforastrongamerica.org

First Five Years Fund
    http://ffyf.org/

First Focus

www.firstfocus.org

National Black Child Development Institute
www.nbcdi.org

National Council of La Raza
http://www.nclr.org/index.php/issues_and_programs/education/ece/

Pew Center on the States Home Visiting Projects
www.pewstates.org/projects/home-visiting-campaign-328065#sthash.PgI8D6HI.dpuf

The Ounce of Prevention Fund
http://www.theounce.org/

Save the Children
http://www.savethechildren.org/site/c.8rKLIXMGIpI4E/b.6115947/k.B143/Official_USA_Site.htm

Voices for Children
http://www.voicesforchildren.org/

Parent Development And Leadership Programs

Abriendo Puertas
http://ap-od.org/

AVANCE
http://www.avance.org/

Centering Pregnancy and Centering Parenting
https://www.centeringhealthcare.org/pages/centering-model/parenting-overview.php

Family Wellness

www.familywellness.com/skills.php

Legacy for Children
http://www.cdc.gov/ncbddd/childdevelopment/legacy.html

MALDEF (Mexican American Legal Defense Fund) Parent School Partnership Program
http://www.maldef.org/leadership/programs/psp/index.html

Parent Empowerment Project
http://www.nbcdi.org/what-we-do/parent-empowerment-project

Parent Leadership Training Institute
http://www.cga.ct.gov/coc/plti_overview.htm

The Positive Parenting Program (Triple P)
http://www.triplep.net/glo-en/home/

Strengthening Families / Parent Cafés
http://www.bestrongfamilies.net/build-protective-factors/parent-cafes/parent-cafe-model/

Strengthening Families Program
http://www.strengtheningfamiliesprogram.org/

Model Early Education Programs

CAP Tulsa: Early Childhood Education
https://captulsa.org/families/early-childhood-education/

David C. Abbott Early Learning Center
http://www.marlboro.k12.nj.us/AbbottEarlyLearningCenter.cfm?subpage=11

Educare
http://www.theounce.org/educare

First 5 California
    http://www.first5california.com/

LAUP
    http://laup.net/

Providence Talks
    http://www.providencetalks.org/

Project EAGLE, University of Kansas Medical Center
    http://www.projecteagle.org/

Southwest Human Development
    http://www.swhd.org/

Talk, Read, Play (Kansas City, Kansas, and Kansas City, Missouri)
    https://www.thefamilyconservancy.org/parenting-resources/talk-read-play

Talk with Your Baby
    http://talkwithyourbaby.org/

Touch, Talk, Read, Play
    http://www.urbanchildinstitute.org/key-initiatives/touch-talk-read-play

United Way Center for Excellence in Early Education
    http://www.unitedwaycfe.org/

Home-Visiting Programs

Any Baby Can
    http://www.anybabycan.org/

Bright Beginnings (Colorado)
    http://brightbeginningsusa.org/denver-talks-back/

Early Head Start Home Visiting
http://homvee.acf.hhs.gov/Implementation/3/Early-Head-Start-Home-Visiting-EHS-HV-/8

Healthy Families America
http://www.healthyfamiliesamerica.org/home/index.shtml

Maternal, Infant, and Early Childhood Home Visiting
http://mchb.hrsa.gov/programs/homevisiting/

Nurse-Family Partnership
http://www.nursefamilypartnership.org/public-policy/Home-visiting-support-letters

Parents as Teachers
http://www.parentsasteachers.org/

Resources For Parents And Educators

American Academy of Pediatrics
http://www.aap.org

American Library Association
http://www.ala.org

Ascend: Developing Kids to Their Full Potential
http://ascendkids.com/

Aspen Institute Ascend Network
http://ascend.aspeninstitute.org/network

Baby Talk
http://www.usfsp.edu/fsc/baby-talk/

Brazelton Touchpoints
http://www.brazeltontouchpoints.org/

Child Care Aware of America
http://childcareaware.org/

Early Childhood Technical Assistance Center
http://ectacenter.org/

Get Ready to Read (National Center for Learning Disabilities)
http://www.getreadytoread.org/early-learning-childhood-basics/early-childhood/understanding-language-development-in-preschoolers

The Hanen Program for Parents of Children with Language Delays: It Takes Two to Talk
http://www.hanen.org/Programs/For-Parents/It-Takes-Two-to-Talk.aspx

Illinois Early Learning Project
http://illinoisearlylearning.org/

The Incredible Years
http://incredibleyears.com/

Learn The Signs. Act Early. (CDC)
http://www.cdc.gov/ncbddd/actearly/

National Association for the Education of Young Children
www.naeyc.org

National Association for Family Child Care
http://www.nafcc.org

National Center for Families Learning
http://www.familieslearning.org/

National Center on Parent, Family, and Community Engagement
http://eclkc.ohs.acf.hhs.gov/hslc/tta-system/family

National Head Start Association
http://www.nhsa.org/

PBS Parents
  http://www.pbs.org/parents/

Baby & Toddler
  http://www.pbs.org/parents/child-development/baby-and-toddler/

PNC Grow Up Great
  https://www.pnc.com/grow-up-great

Reach Out and Read
  http://www.reachoutandread.org/

  http://www.reachoutandread.org/why-we-work/our-initiatives/

Read-Talk-Play
  http://www.readtalkplay.org/

Sesame Workshop
  http://www.sesameworkshop.org/

Sing, Talk, Read (STAR)
  http://www.learndc.org/earlychildhood/sing-talk-read

Talk, Read, Play (Boston, MA)
  http://www.talkreadplay.org/

Talk With Me Baby (Georgia)
  http://www.talkwithmebaby.org/

Text4baby
  https://www.text4baby.org/

Too Small to Fail's "Talking Is Teaching: Talk, Read, Sing" Campaign
  http://www.toosmall.org

  http://www.talkingisteaching.org

Univision and Too Small to Fail's "Pequeños y Valiosos" Campaign
  http://noticias.univision.com/educacion/pequenos-y-valiosos

231

Vroom
>http://www.joinvroom.org/

Zero to Three
>http://www.zerotothree.org/

American Speech-Language-Hearing Association (ASHA)
>http://www.asha.org/

Policy Centers And Resources

Brookings's Social Policy: Early Childhood Development
>http://www.brookings.edu/research/topics/early-child-development

Center for Law and Social Policy
>http://www.clasp.org/

Committee for Economic Development
>www.ced.org

Division for Early Childhood
>http://www.dec-sped.org/

Heckman Equation
>http://www.heckmanequation.org

Kids Count, Annie E. Casey Foundation
>http://www.aecf.org/work/kids-count/

National Academy for State Health Policy
>www.nashp.org

National Center for Children in Poverty
>www.nccp.org

National Women's Law Center
>http://www.nwlc.org/our-issues/child-care-%2526-early-learning/head-start

New America Foundation
    http://earlyed.newamerica.net/dashboard

Office of the Administration for Children and Families
    http://www.acf.hhs.gov/programs/ecd

Policy Report: Creating Opportunities for Families: A Two-Generation Approach
    http://www.aecf.org/m/resourcedoc/aecf-CreatingOpportunityforFamilies-2014.pdf#page=3

Report of the National Early Childhood Accountability Task Force
    http://policyforchildren.org/wp-content/uploads/2013/07/Taking-Stock.pdf

U.S. Department of Education: Early Learning Initiative
    http://www.ed.gov/early-learning

Research Centers And Projects

Center for Children and Families: University of Texas at Dallas
    http://ccf.utdallas.edu/

Center for the Economics of Human Development
    http://www.cchd.uchicago.edu

Center on the Developing Child: Harvard University
    http://developingchild.harvard.edu/

Center for Early Education and Development: University of Minnesota
    http://www.cehd.umn.edu/ceed/

Child Trends
    www.childtrends.org

Columbia University: National Center for Children and Families
    http://policyforchildren.org/research-projects/early-care-education/

Erikson Institute Herr Research Center for Children and Social Policy
http://www.erikson.edu/herr-research-center/

Frank Porter Graham Child Development Institute
http://fpg.unc.edu/

Proyecto Habla conmigo! (Talk with Me!): Language Learning Lab, Stanford University
http://web.stanford.edu/group/langlearninglab/cgi-bin/hablaconmigo.php

Harvard Family Research Project: The Family Involvement Network of Educators (FINE)
http://www.hfrp.org/family-involvement/fine-family-involvement-network-of-educators

Human Early Learning Partnership
http://earlylearning.ubc.ca/

Institute for Learning and Brain Sciences (I-LABS)
http://ilabs.uw.edu/

Juniper Gardens Children's Project
http://jgcp.ku.edu/

KidTalk
http://vkc.mc.vanderbilt.edu/kidtalk/

Mind in the Making
http://www.mindinthemaking.org/

Thirty Million Words Initiative
http://thirtymillionwords.org/

University of Chicago: Center for Early Childhood Research
http://babylab.uchicago.edu/page/our-research

What Works Clearinghouse: Institute of Education Sciences
http://ies.ed.gov/ncee/wwc/topic.aspx?sid=4

International Programs

1,000 Days
    http://www.thousanddays.org/

The Hanen Centre
    http://www.hanen.org/Home.aspx

Oxford's Handbook of Early Childhood Development Research
    http://www.oxfordscholarship.com/view/10.1093/acprof:
    oso/9780199922994.001.0001/acprof-9780199922994

UNICEF Early Childhood Development
    http://www.unicef.org/earlychildhood/

WHO's Commission on the Social Determinants of Health: Early Childhood Development
    http://whqlibdoc.who.int/hq/2007/a91213.pdf?ua=1

后记　　走过海岸线

　　密歇根湖的湖面上掀起六英尺高的波浪。我们的三个孩子正在沙滩上玩耍,由我的丈夫,她们的父亲唐纳德·刘照看。当他正站在岸边的时候,突然注意到远处水流湍急,波涛汹涌,两个小男孩在强急的水流中挣扎。他立刻跑向那边,而我们的小女儿当时哭着喊着:"爸爸,不要去!"

　　这是她对她爸爸说的最后一句话了。那两个小男孩儿回来了,我的一向在帮助别人时无所畏惧的丈夫却死在惊涛骇浪之中了。他是我最好的朋友、最有力的支持、我的真爱。

　　对于他来说,站在岸边看到两个小孩在挣扎,立即去帮忙是无须争论和犹豫的。他是一个小儿外科医生,也是一名领导。他对待病人尽职尽责,这点是毋庸置疑的。孩子需要帮助,孩子就要得到帮助,这不仅仅是一项准则,这是他生活的方式。即使他知道采取行动会使自己丧命,他也不会站在岸边,眼睁睁地看着孩子挣扎。

　　在美国,有太多的孩子在逆境中挣扎。许多孩子从一出生就不知道他们需要什么,才能使自己的人生配得起自己的潜能。他们在挣扎,我们不能袖手旁观。

　　后来,唐纳德被称赞为英雄。我们都要成为他这样的人。

献给　唐纳德·刘博士

（1962—2012）

致　　谢

本书由我们这个最伟大的团队一手打造。我们的成员干劲十足，仿佛永远不知疲惫，我们创下了一个又一个不可思议的佳绩。最初萌发出来的那个不起眼的小念头——"或许我们可以从某种程度上帮助那些需要帮助的孩子们"，支撑着我们走到最后，我们的愿望圆满实现，我们精心打磨的、层次丰富的研究项目也得以问世。本书是我们整个团队辛苦付出和努力的结果。Kristin Leffel 和 Beth Suskind 是本书的合著者，他们从一开始就为本书付出了心血。在我看来，他们头脑聪明、为人随和、做事有想法，一直给了我们莫大的支持。随着本书的不断推进，我们的大家庭不断扩大，成员们各自发挥特长，积极创新，让我们的书更上一层楼。在这里我要特别感谢 Eileen Graf、Ashley Telman、Iara Fuenmayor、Tara Robinson、Alison Hundertmark、Rachel Umans、Sarah Van Deusen Phillips、Livia Garofalo、Alyssa Anneken 和 Macarena Galvez，还有后来加入我们的 Marc Hernandez、Karen Skalitzky、Sally Tannenbaum、Michelle Havlik、Lydia Polonsky、Mary Ellen Nevins、Shannon Sapolich、Debbie Hawes、Lyra Repplinger、Andrea Rohlfing、Hannah Bloom 和 Karen Pekow。我们项目的本科生和研究生助理也有出色表现，这帮了不起的孩子让我们的实验室随时充满生机和活力。感谢所有为本书辛勤付出的人，谢谢你们让我看到了更好的自己。

本书的投资人不但是坦诚的合作伙伴，还是我的好朋友。Hemera 基金由始至终对本书充满信心，并支持它的出版问世。谢谢 Caroline Pfohl 对我的点拨和支持。谢谢 Rob Kaufold 的帮助，谢谢你的坦诚。谢谢 Rick White，你是我坚强的后盾，你是那么善于发现闪光点，让我变得更加自信。谢谢 Rebecca White，你的乐观给了我太多克服困难的勇气。还有 Jay Hughes，谢谢你带我走进哈特和里斯利这两位著名心理学家的世界。总之，说多少感谢都无法表达我对大家的感激之情，是你们让本书有了灵魂，没有你们，这本书不会走这么远。

同样，感谢 PNC Grow Up Great 基金、W. K. Kellogg 基金、Robert R. McCormick 基金和 Hyman Milgrom Supporting 集团的支持和帮助，是你们让我们的想法得以实现，让我们的梦想得以延续。

芝加哥大学、芝加哥医学院和转化医学研究所是我的家。感谢学校、感谢同事们对我这名外科医生疯狂的想法坚定而热情的支持。感谢 Jeff Matthews，谢谢你给予了我最初的启动资金。

作为初学者能够得到各个领域的专家们如此热情的支持和帮助，是多么的珍贵和难得。他们看似只专注手术台上的事，然而他们对手术室外的事也是非常了解和专业的，他们毫无保留地把宝贵的经验分享给我，耐心细致地帮我分析每一个问题。感谢他们给予我的专业指导和中肯建议。谢谢 Susan Levine 和 Susan Goldin-Meadow 的指教，我受益匪浅。

感谢每一位在百忙之中抽出时间给我宝贵建议和反馈的人，谢谢 Cornelia Grumman、Liz Gunderson、Clancy Blair、Kavita Kapadia、Debbie Leslie、Shayne Evans、Steve Dow、Ann Hanson、Tony

Raden、Portia Kennel、Diana Rauner、Megan Robert、Ariel Kalil、Ellen Galinsky、Kathy Hirsh-Pasek、Jack Shonkoff。

感谢我的经纪人 Katinka Matson 为我的想法做了最正确的选择。还有 Stephen Morrow，他发现了很多可能性，并帮助我把这些可能性变成现实。

感谢为我们团队的项目以及本书做出贡献的家长们，从你们那里我收获良多。谨以此书向你们的坚强、爱心和付出致敬。我们要做的还很多，我非常高兴能和你们共度这段难忘而美好的时光。

我还要谢谢我最重要的、伟大的、给予我无限支持和爱的家人们，在这条漫长而艰辛的道路上，他们始终与我作伴。在最难熬的时刻，他们始终面带微笑，给我温暖的支持和积极的鼓励。Michael、Beth、Sydnie、Yonah、David、Rebecca、Lily、Carter、Noa、Emmett、Elias 和 Sadie，当然还有 Lola and Nghia，谢谢你们。谢谢我伟大而充满爱心的父母 Bob and Leslie，为你们喝彩！

最后，我要感谢我优秀的孩子们，Genevieve、Asher 和 Amelie，他们每天都会激发我无穷的灵感，没有他们的支持，我想我也无法完成本书。现在，终于完成了，我还有很多话想对你们说，我爱你们！

全年龄段

《叛逆不是孩子的错：不打、不骂、不动气的温暖教养术（原书第2版）》

作者：[美] 杰弗里·伯恩斯坦 译者：陶志琼

放弃对孩子的控制，才能获得更多的掌控权；不再强迫孩子听话。孩子才会开始听你的话，樊登读书倾力推荐，十天搞定叛逆孩子

《硅谷超级家长课：教出硅谷三女杰的TRICK教养法》

作者：[美] 埃丝特·沃西基 译者：姜帆

"硅谷教母"埃丝特·沃西基养育了三个卓越的女儿，分别是YouTube的CEO、基因公司创始人和名校教授。她的秘诀就在本书中

《学会自我接纳：帮孩子超越自卑，走向自信》

作者：[美] 艾琳·肯尼迪-穆尔 译者：张海龙 郭霞 张俊林

为什么我们提高孩子自信心的方法往往适得其反？
解决孩子自卑的深层次根源问题，帮助孩子形成真正的自信；
满足孩子在联结、能力和选择三个方面的心理需求；
引导孩子摆脱不健康的自我关注状态，帮助孩子提升自我接纳水平

《去情绪化管教，帮助孩子养成高情商、有教养的大脑！》

作者：[美] 丹尼尔·J.西格尔 等 译者：吴蒙琦

无须和孩子产生冲突，也无须愤怒、哭泣和沮丧！用爱与尊重的方式让孩子守规矩，使孩子朝着成功和幸福的人生方向前进

《爱的管教：将亲子冲突变为合作的7种技巧》

作者：[美] 贝基·A.贝利 译者：温旻

美国亚马逊畅销书。只有家长先学会自律，才能成功指导孩子的行为。自我控制的七种力量和由此而生的七种管教技巧，让父母和孩子共同改变。在过去15年中，成千上万的家庭因这7种力量变得更加亲密和幸福

更多>>>
《儿童教育心理学》 作者：[奥地利] 阿尔弗雷德·阿德勒 译者：杜秀敏
《我不是坏孩子，我只是压力大：帮助孩子学会调节压力、管理情绪》 作者：[加] 斯图尔特·尚卡尔 等 译者：黄镇华
《如何让孩子爱上阅读》 作者：[澳] 梅根·戴利 译者：卫妮

原 生 家 庭

《母爱的羁绊》

作者：[美] 卡瑞尔·麦克布莱德　译者：于玲娜

爱来自父母，令人悲哀的是，伤害也往往来自父母，而这爱与伤害，总会被孩子继承下来。
作者找到一个独特的角度来考察母女关系中复杂的心理状态，读来平实、温暖却又发人深省，书中列举了大量女儿们的心声，令人心生同情。在帮助读者重塑健康人生的同时，还会起到激励作用。

《不被父母控制的人生：如何建立边界感，重获情感独立》

作者：[美] 琳赛·吉布森　译者：姜帆

已经成年的你，却有这样"情感不成熟的父母"吗？他们情绪极其不稳定，控制孩子的生活，逃避自己的责任，拒绝和疏远孩子……
本书帮助你突破父母的情感包围圈，建立边界感，重获情感独立。豆瓣8.8分高评经典作品《不成熟的父母》作者琳赛重磅新作。

《被忽视的孩子：如何克服童年的情感忽视》

作者：[美] 乔尼丝·韦布　克里斯蒂娜·穆塞洛　译者：王诗溢　李沁芸

"从小吃穿不愁、衣食无忧，我怎么就被父母给忽视了？"美国亚马逊畅销书，深度解读"童年情感忽视"的开创性作品，陪你走出情感真空，与世界重建联结。
本书运用大量案例、练习和技巧，帮助你在自己的生活中看到童年的缺失和伤痕，了解情绪的价值，陪伴你进行自我重建。

《超越原生家庭（原书第4版）》

作者：[美] 罗纳德·理查森　译者：牛振宇

所以，一切都是童年的错吗？全面深入解析原生家庭的心理学经典，全美热销几十万册，已更新至第4版！
本书的目的是揭示原生家庭内部运作机制，帮助你学会应对原生家庭影响的全新方法，摆脱过去原生家庭遗留的问题，从而让你在新家庭中过得更加幸福快乐，让你的下一代更加健康地生活和成长。

《不成熟的父母》

作者：[美] 琳赛·吉布森　译者：魏宁　况辉

有些父母是生理上的父母，心理上的孩子。不成熟父母问题专家琳赛·吉布森博士提供了丰富的真实案例和实用方法，帮助童年受伤的成年人认清自己生活痛苦的源头，发现自己真实的想法和感受，重建自己的性格、关系和生活；也帮助为人父母者审视自己的教养方法，学做更加成熟的家长，给孩子健康快乐的成长环境。

更多>>>

《拥抱你的内在小孩（珍藏版）》　作者：[美] 罗西·马奇-史密斯
《性格的陷阱：如何修补童年形成的性格缺陷》　作者：[美] 杰弗里·E.杨　珍妮特·S.克罗斯科
《为什么家庭会生病》　作者：陈发展

亲密关系

《感受爱：在亲密关系中获得幸福的艺术》

作者：[美] 珍妮·西格尔 译者：任楠

阅读本书，你将学会：
识别有哪些障碍让你无法体验到爱，也无法让他人体验到爱。
形成新的思维、感受和行为方式，从而建立情感联结。
改善与生活中每一个人之间的关系，包括家人、朋友和同事。

《走出童年情感忽视：如何与伴侣、父母和孩子重建亲密关系》

作者：[美] 乔尼丝·韦布 译者：修子宜 田育骞

本书教你识别和治愈童年情感忽视，培养情绪感知和情感沟通技巧，在与伴侣、父母、孩子的交流中修复童年伤痕，收获更加有质量的亲密关系。

《爱的陷阱：如何让亲密关系重获新生》

作者：[澳] 路斯·哈里斯 译者：韩冰 王静 祝卓宏

本书是一本奇妙的书，将指导你以开放的态度，有意识地、专注地面对当下，并根据自己的价值观采取有效的行动，建立更有同情心、更包容、更有爱的关系。

《愤怒之舞：亲密关系中情绪表达的艺术》

作者：[美] 哈丽特·勒纳 译者：张梦洁

在这本动人的、极具智慧的书中，勒纳博士教授我们鉴别愤怒的真正源头，把愤怒当作产生持久改变的有力工具。例证与理论完美配合，带你远离无意义的争吵与周旋，迎来崭新的自我和愉悦的关系。好脾气不是最终目的，拥有自我才能拥有关系。

《沟通之舞：亲密关系中的语言艺术》

作者：[美] 哈丽特·勒纳 译者：任楠

哈丽特·勒纳博士的书讲述了亲密关系中产生关键影响的因素：情绪、沟通、自我觉察。书中的每个案例都鲜活地呈现在读者眼前，引人不禁思考，在亲密关系中，从自我到他人，从夫妻到家庭，到底谁出了问题呢？无论您是男性还是女性，相信阅读本书后都会找到属于自己的答案。

更多>>>
《关系之舞：既亲密又独立的相处艺术》 作者：[美] 哈丽特·勒纳
《冲突的力量：如何建立安全、稳固和长久的亲密关系》 作者：[美] 埃德·特罗尼克 等
《学会沟通，学会爱：如何消除误解，让亲密关系更稳固》 作者：[美] 阿伦·贝克